Anna Bini Gilles de Chabaneix Catherine de Chabaneix

Naples

Balades secrètes et gourmandes en Campanie

Minerva

À la mémoire de Gilles de Chabaneix

Conception graphique : Jean-Jacques Driéwir
Traduit de l'italien par Alba Pezzone

Connectez-vous sur :
www.lamartiniere.fr

Sommaire

Après le long sommeil hivernal, la nature s'éveille et renaît à la vie. C'est la saison des amours, les oiseaux se parent de nouvelles plumes, les arbres de nouvelles feuilles. C'est aussi la saison des petits pois, des fèves, des asperges et des artichauts... L'air est doux, les paysages sont verdoyants, et c'est la meilleure saison pour découvrir la Campanie, cette terre unique et merveilleuse pour ses beautés naturelles et l'abondance de ses produits ; cette terre encore peuplée d'artisans qui travaillent et façonnent la matière de leurs mains ; cette terre issue de mythes et de légendes, vivant au milieu des vestiges et des remparts qui racontent son passé. Le moment est enfin venu de visiter l'historique Pompéi, enfouie sous les cendres, Paestum et ses temples, Velia... et d'aller jusqu'à Camerota par la côte, pour atteindre le fameux Parc national du Cilento, classé patrimoine de l'humanité. De là, il faut regagner la magnifique chartreuse de Padula, le complexe monastique le plus important d'Italie du Sud, puis Pertosa. Le printemps est aussi la saison de Pâques, avec ses traditions, son folklore et ses grandes manifestations. D'autres trésors s'offrent au voyageur : Procida, île paradisiaque, triomphe de lumière et d'eau, la côte de Sorrento, dans le doux parfum des citronniers, mais aussi – et pourquoi pas ! – la possibilité d'un séjour romantique à Sorrento, sur les pas de Goethe et de Caruso. C'est encore au mois de mai que l'on peut franchir à Naples, sans trop d'encombre, le seuil de ses palais historiques, de ses églises, de ses musées, et que l'on peut suivre la procession solennelle de San Gennaro, avec son cortège de fidèles qui serpente dans ses vieilles rues. Entre deux visites, un avant-goût de l'été... Une escapade vers la sublime Capri, avant de laisser le regard se perdre dans le golfe de Naples jusqu'au Vésuve, et de la côte de Sorrento jusqu'à Ischia.

printemps...

Mars. À la découverte d'une terre de mythes et de légendes

Voile et draperies se fondent dans le rythme frénétique de la rue. Les jeunes mariés, enthousiastes, courent au bord de la mer pour les photographies rituelles.

Les jardins sont déjà fleuris et parfumés : c'est le temps des épousailles, celui du printemps revenu. Et pourtant, ce n'est pas l'air printanier qui anime les ruelles, les rues et les places de Naples : ce sont ses habitants qui, envers et contre tout, conservent dans le cœur la joie de vivre et dans les yeux le bleu azur d'un golfe honoré par les poètes, magnifié par les peintres, exalté par les chansons les plus célèbres.

Naples a deux visages : ville riche de traditions, de culture, d'art et d'histoire, elle est aussi l'âme de ses habitants, généreuse et hospitalière, tour à tour joyeuse et mélancolique, bruyante mais toujours cordiale, cultivant l'invention et l'astuce sous toutes ses formes, peuplée de superstitions et de légendes. Telle est la nature profonde et secrète de cette cité, qui paraît aussi magique que les lieux mythiques qui l'entourent.

Un établissement traditionnel, resté inchangé. Si les gestes de celui qui officie sont immuables, le plat est moderne, raffiné, élégant : un spectaculaire carpaccio de poulpe.

Le petit port de Santa Lucia n'a rien perdu de son enchantement. Face à la mer, un restaurant perpétue, presque comme un symbole, la mémoire de ce vieux quartier napolitain et de sa tradition culinaire. L'établissement fut créé en 1919 par Donna Emilia « La Bersagliera », mère de onze enfants, qui finit par servir des repas à tous les marins du port. Au fil des ans, la renommée de sa cuisine, simple et authentique, lui valut la visite de personnages célèbres et de clients du monde entier. Pour tous ceux qui partaient au loin, le petit quartier portuaire de Santa Lucia fut toujours la dernière image conservée de Naples.

C'est toute l'histoire de la ville qu'évoquent le pavage antique, les colonnes des temples, les fresques aux couleurs tantôt fanées, tantôt vives, ainsi que les moulages en plâtre des corps pétrifiés.

Sous le bleu du ciel, Pompéi raconte une terrible journée d'août de l'an 79, au cours de laquelle cette ville florissante, son art et ses richesses furent en quelques heures détruits et figés sous une couche de lave, de *lapilli* et de cendre. Cette même cendre qui, pourtant, nous l'a conservée et restituée pour nous permettre de la redécouvrir et d'imaginer ce qu'elle était.

La cour d'un ancien relais de poste au charme suranné. Qui pourrait imaginer qu'il abrite une des plus fameuses fabriques traditionnelles de mozzarella ?

À San Antonio di Pontecagnano, Giuseppe Morese fabrique encore ses fromages, comme jadis, avec le lait de ses bufflonnes. Originaires d'Asie, ces bovins à l'aspect presque sauvage portent tous leur nom à l'oreille. Attendant patiemment l'heure de la traite, ils s'approchent quand on les appelle. Chaque jour, c'est un rituel très ancien qui se répète, dans toute sa simplicité. Aussitôt récolté, le délicieux lait blanc donne naissance à des fromages savoureux et moelleux : la *mozzarella*, la *scamorza* ou la *provola*, un fromage fumé sur la paille.

À Paestum, les puissantes colonnes doriques laissent entrevoir, en une scénographie grandiose, la splendeur d'un passé lointain.

Le site, menacé un temps de disparaître, est aujourd'hui inscrit au patrimoine de l'humanité. Les vestiges de pierre ont retrouvé leur majesté pour témoigner de la splendeur architecturale de cette cité antique. Fondée par des colons grecs, qui la baptisèrent Poseidonia, elle prit le nom de Paestum quand elle devint colonie romaine. Conquise et saccagée à plusieurs reprises, elle fut abandonnée et disparut sous la végétation jusqu'au XVIIIe siècle. Aujourd'hui, elle a retrouvé son mur d'enceinte, presque intact, et ces lieux chargés d'histoire imposent le respect, même aux touristes. L'idéal est de la visiter au coucher du soleil, quand les colonnes se teintent d'or et de rose et que le crépuscule prélude au profond silence dans lequel, la nuit, les temples sont plongés.

Surprenants, fascinants, ces détails évoquent les splendeurs de l'architecture Renaissance, les audaces du baroque, ou l'art exubérant des majoliques, explosion de couleurs vives et joyeuses.

Connue sous le nom de « palais du Silence », la magnifique chartreuse de Padula consacrée à San Lorenzo est le complexe monastique le plus important d'Italie du Sud. Elle associe au faste de l'architecture baroque la belle sobriété de son cloître principal, bordé d'arcades. Le visiteur y découvre, contrastant avec le dépouillement du cimetière médiéval, l'opulence du XVIIIe siècle ou les raffinements de la Renaissance, avant de se retrouver au pied d'un escalier en hélice, d'une extrême pureté, qui semble tout droit sorti d'un musée d'art moderne.

Avril. Séjour romantique au milieu des citronniers

Le four est chaud, les pâtes sont prêtes... Dans l'attente des clients, la rue devient toujours un spectacle vivant.

Le bouffon populaire, « O'Pazzariello », qui éloigne le *malocchio*, le mauvais œil, se fait précéder de musiciens qui annoncent son arrivée. Personnage emblématique de la ville, il déclame les événements dans un dialecte napolitain, où chaque mot est ponctué par un mouvement de son bâton ouvragé et le roulement des tambours. Nous sommes au cœur de Naples, dans la rue qui traverse son centre historique, le Spaccanapoli. Ici, survivent encore coutumes et traditions. Ici, sacré, profane et superstitions cohabitent joyeusement. Les façades des vieux palais, des cloîtres et des églises alternent avec les échoppes et les boutiques des artisans qui, chaque matin, assistent au réveil lent de la rue, bientôt envahie par le va-et-vient palpitant, bruyant et chaotique de la foule. De tous les visages de la ville, multiples et contrastés, celui-ci a su garder encore intacte son âme populaire.

Une féerie de plantes et de couleurs décore les piliers du cloître de Santa Chiara, et des palmiers luxuriants encadrent l'élégante façade néoclassique de la villa Pignatelli.

Autrefois cloître austère d'un couvent, il a été transformé au XVIIIe siècle en chef-d'œuvre théâtral. Piliers, bancs et murets recouverts de majoliques entourent le cloître, transformé en jardin enchanteur. Ces magnifiques décors, œuvre d'Antonio Domenico Vaccaro, représentent paysages et scènes champêtres, trophées carnavalesques et mythologiques, guirlandes de fruits et de fleurs. C'est le triomphe de la nature et des couleurs de cette terre : le jaune des citrons, le vert des arbres, le bleu du ciel…

Dans la petite barque de pêche, à la fin de la journée, on range les rames avec des gestes précis et attentifs. De nombreux sillages blancs marquent les eaux du golfe, semblables à des comètes dans un ciel d'août.

Procida… Son nom même demeure une énigme et les origines de cette terre, façonnée par l'histoire, le mythe et la légende, restent mystérieuses. Est-ce l'un des rochers lancés lors de la lutte mythique qui a opposé Zeus aux Géants ? Ou bien a-t-elle émergé, poussée par la force violente d'un volcan sous-marin ? Procida – la Prochyta des Anciens – pourrait avoir été imaginée par quelque auteur de la Grèce antique, avant que la légende ne devienne histoire dans les vicissitudes vécues par le bourg de Terra Murata, retranché sur le seul éperon de l'île, son point culminant. Cependant, on ne peut contester l'unique et séduisante beauté de cette île, encore aujourd'hui paradisiaque, pétrie de couleurs, de douceur et de traditions.

L'abbaye de San Michele Arcangelo (Saint-Michel-Archange), gardienne de mille ans d'histoire et de foi : un patrimoine inattendu et singulier composé d'objets et de lieux secrets.

Suspendu entre mer et ciel, pointe extrême d'un bourg clos par des remparts anciens, ce lieu de culte est un écrin rempli de trésors. On accède, émerveillé, aux salles souterraines après avoir visité de riches chapelles décorées de fresques, longé une bibliothèque de livres anciens et précieux et même traversé un ossuaire et les oubliettes.

Dans l'intimité des lieux, un personnage austère, au regard vif et perçant, veille sur les trésors qu'il a ressuscités. C'est leur « gardien », Luigi Fasanaro.

Un homme extraordinaire, Mgr Luigi Fasanaro, a rendu son ancienne splendeur à ce lieu, lui redonnant toute sa dimension spirituelle : « Procida n'est pas seulement un triomphe de lumière et d'eau ! Elle a, comme chaque lieu, son histoire qui est ici façonnée par les vents, la mer et la foi ! L'abbaye de San Michele est le témoignage sacré de ce passé, et une occasion de se rapprocher de Dieu. »

Les paillotes d'autrefois sont devenues de très jolies maisonnettes. Un vieil escalier, creusé dans le tuf, conduit à la grotte ouverte sur la mer où, depuis la nuit des temps, les barques des pêcheurs venaient décharger leur marchandise.

S'il fallait donner une seule image du paradis terrestre, « il Pizzo », à Sant'Agnello, pourrait bien être celle-ci. Au-dessus d'une terrasse s'épanouit un verger de citronniers. Les propriétaires de cette plantation ont rétabli les techniques agricoles traditionnelles. Point de pesticides ni de bâches en plastique : avec les tonnelles recouvertes de paille, resurgit le paysage du Sorrento d'autrefois, si caractéristique. Cueillis avec amour, les citrons sont inondés de soleil. Leurs zestes, détaillés en boucles légères, offriront tout leur parfum et toute leur saveur à la liqueur de citron, le fameux *limoncello*.

En hommage au grand ténor, le temps s'est arrêté, et rien n'a changé dans la chambre qu'occupait autrefois Enrico Caruso.

Hôtes d'exception, un ténor célèbre et une princesse ont chacun une suite qui porte leur nom, la « suite Caruso » et la « suite Margaret ». Rois, artistes, écrivains, poètes, chanteurs, musiciens…, la liste des personnalités ayant séjourné à l'*Excelsior Vittoria* de Sorrento est si longue qu'il serait impossible de les énumérer toutes. Chaque fois que l'on revient dans cet établissement au décor fin de siècle, on retrouve avec bonheur le plaisir des choses que le temps a laissé intactes. Il est très difficile de conserver une vieille tradition, un style, un certain art de recevoir. Cette gageure est le fait de la famille Fiorentino qui, depuis quatre générations, a offert, et continue d'offrir, quelque chose d'unique.

Quelle émotion devant la joyeuse complicité qui lie Alfonso et Ernesto ! Le homard figure en bonne place dans leur établissement, le « Don Alfonso 1890 ».

« De père en fils » : une formule presque oubliée qui, à Naples et en Campanie, bien plus souvent qu'ailleurs, demeure vraie. À Naples, les histoires de famille et de travail qui ont commencé dans la passion se perpétuent. Avec le temps, elles finissent par faire partie du paysage qui nous entoure et de l'air que l'on respire. Alfonso Iaccarino a réussi à entraîner dans son travail non seulement Livia, sa femme, mais aussi Mario et Ernesto, ses enfants. Avec amour, il a réussi à créer son propre monde, habité par des collaborateurs dévoués, des clients importants et fidèles. Sa terre cultivée, soignée, aimée, offre aujourd'hui des produits frais et authentiques, ceux-là mêmes qui arrivent dans sa cuisine, passent dans nos assiettes, et finissent par réjouir nos palais. Des plats où la générosité se marie avec la beauté, dans un rite d'amour qui, au *Don Alfonso 1890*, se renouvelle quotidiennement.

Mai. Trésors dissimulés de Naples et Capri

Le regard vif de l'enfant et son expression attentive le rendent presque réel, tout comme le visage sombre de Beethoven, immortalisé dans la magnifique cour du conservatoire.

Deux fois l'an, en mai et septembre, s'accomplit et se répète le miracle extraordinaire et mystérieux de la liquéfaction du sang de San Gennaro, patron de la ville. C'est l'événement le plus attendu par les Napolitains, leur fête religieuse la plus spectaculaire. L'itinéraire de la procession solennelle serpente dans les vieilles rues de Naples, avec son cortège de fidèles accompagné par le tumulte de la foule qui prie et applaudit, arrosée par les pétales de fleurs qui pleuvent des balcons parés pour la fête. Ce spectacle émouvant et fascinant est aussi l'occasion d'admirer le légendaire et fastueux trésor du saint. En ce mois de mai, un autre miracle s'accomplit : celui qui permet de franchir le seuil de ces palais, de ces églises, de ces musées qui montrent le visage d'une autre ville, une Naples dissimulée aux regards pendant le reste de l'année, et qui dévoilent les merveilles d'une cité qui n'en finit pas de nous étonner.

La porte d'un palais s'ouvre, et sous nos yeux éblouis apparaissent une cour magnifique, un escalier majestueux, un plafond décoré de fresques…

Ce bleu imprévisible qui soudain nous enveloppe n'est qu'un effet de lumière, mais il convient pourtant de l'appeler magie.

Depuis toujours, la grotta Azzurra et les Faraglioni comptent parmi les nombreuses merveilles de l'île. Les secondes, surnommées « les sculptures des dieux », sc drcsscnt, sauvagcs, dcpuis la profondeur cobalt de la mer, semblables à des géants. La verdure s'épanouit tout autour, mais c'est toujours le bleu qui domine partout, et le lézard qui vit sur ces rochers est bleu lui aussi. Il existe dans le monde d'autres îles sublimes ; mais aucune d'elles ne saurait rivaliser avec Capri, dans la richesse de son histoire. Auguste, Tibère et tant d'autres illustres Romains ont fait construire ici leurs demeures estivales.

La mer,
la terre, les
paysans et
les pêcheurs…
La cuisine
a volé ses
parfums au
potager du
paysan,
et ses saveurs
au filet
du pêcheur.

Loin des scènes mondaines, une terrasse, une tonnelle ombragée où sont accrochés des chapelets d'ail, de petits piments et de *spunzilli*, et un muret qui surplombe les rochers. Dans l'eau, un groupe de barques colorées attend les touristes pour les accompagner dans la grotta Azzurra. Le restaurant *Add'O Riccio*, l'un des plus anciens de Capri, se trouve presque au-dessus de la grotte. Il porte le nom de son premier propriétaire, surnommé « le Riccio » (le Bouclé) à cause de ses cheveux. Derrière les fourneaux œuvre aujourd'hui Gabriele, natif de Capri, dont la cuisine, réellement authentique, comme son sourire, est bien de l'île.

Le taxi n'attend plus les VIP. Maintenant qu'il est devenu lui-même une star, il prend la pose et se laisse photographier.

Cette voiture aux chromes rutilants, si élégante, pourrait raconter les cinquante dernières années de l'histoire de Capri. Celle qui fut l'un des premiers taxis mythiques à parcourir l'île profite maintenant d'un repos bien mérité et ne sort que pour prendre la pose. Bleu contre bleu, la piscine de l'hôtel *Caesar Augustus* semble prolonger la mer au milieu des arbres, suspendue au-dessus d'un des plus beaux panoramas d'Anacapri. Le regard se perd dans le golfe de Naples jusqu'au Vésuve, et de la côte de Sorrento jusqu'à Ischia, on jouit d'un spectacle extraordinaire, en particulier au coucher du soleil.

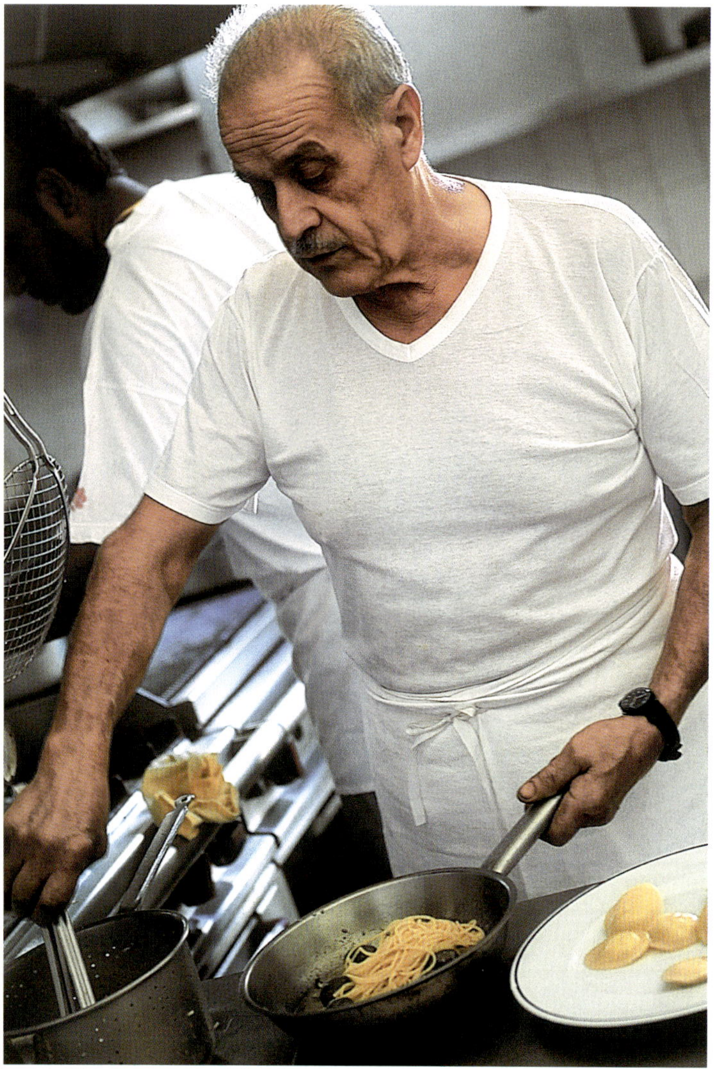

Les produits des potagers voisins sont simplement grillés ou farcis. Papa Michele, d'un air pensif, fait sauter les savoureux « spaghetti alla ciammurra ».

C'est encore une histoire de famille que celle du restaurant *Rondinella* : papa Michele est aux fourneaux, mamma Teresa prépare gâteaux et pâtisseries, tandis que leur fille Annamaria, avec Marco, reçoit les clients. La cuisine est simple, appétissante et authentique, et l'accueil incroyablement aimable et chaleureux. Capri la snob, celle de la Piazzetta, a poussé une élite à se réfugier à Anacapri. Réservée à quelques-uns à l'origine, Anacapri est aujourd'hui la destination préférée d'amateurs de plus en plus nombreux. Dans ses panoramas merveilleux, ses silences et ses ruelles presque désertes, l'on retrouve le style unique et inégalable de la Capri d'autrefois, que l'on croyait disparue à jamais.

En été, le soleil couchant colore de pourpre le môle et la mer. De lave et de cendre, la flamboyante Ischia, ancienne Pitecusa, offre sa végétation luxuriante et ses chaudes, vivifiantes et précieuses eaux thermales qui font depuis toujours sa réputation. Comme appuyé à la paroi rocheuse, Positano, ancien bourg portuaire, est devenu aujourd'hui l'un des centres les plus pittoresques et les plus fréquentés de la côte amalfitaine. Dans ses ruelles étroites et raides dévalant vers la mer fleurit son artisanat aux vitrines à ciel ouvert, à l'origine de la « mode de Positano » qui, avec ses sandales étincelantes de perles, pare l'été de ses couleurs joyeuses. Un désir de silence nous invite à monter jusqu'à Ravello, pour profiter de l'enchantement de la villa Cimbrone et de la villa Rufolo qui inspirèrent à Wagner quelques pages de son « Parsifal », et pour flâner dans les jardins où tant d'artistes et de poètes puisèrent leur imaginaire dans un profond recueillement. À quelque distance de la mer, des villages posés dans la verdure répandent un doux parfum d'agrumes ; citrons et cédrats égaient de leur écorce jaune et lumineuse chaque coin de ruelle. Les minuscules vignobles que le soleil réchauffe et que la brise marine caresse sont la demeure de vins qui portent le nom de ces villages et de ces lieux enchantés : Tramonti, Furore, Ravello… Cette terre au sous-sol volcanique et fertile, dotée d'un microclimat, donne des fruits et des poivrons jaunes, verts, rouges, translucides et cirés, gorgés de suc. En cette saison, la Campanie est aussi le paradis des tomates rouge feu qui poussent le long de la côte, de la « cœur de bœuf », typique de Sorrento, délicieuse en salade, de la San Marzano, idéale pour la conserve, et dont la couleur rappelle la lave incandescente du Vésuve. Et puis, c'est aussi le paradis des aubergines et des courgettes, des abricots, des pêches, des cerises… Tout donne à penser que la nature travaille pour nous et nous offre tous les jours ses bénédictions.

été…

Juin. Ischia, l'île secrète aux mille vertus

La journée touche à sa fin. Une halte s'impose devant le Fungo (le « Champignon »), symbole d'Ischia.

Le soleil couchant colore de pourpre le môle et la mer qui entoure ce curieux rocher érodé par le temps et les intempéries, et devenu l'emblème de l'île. Tandis que Capri a volé ses couleurs à la mer, Ischia a volé les siennes au feu. La lave et les cendres expulsées des entrailles de cette terre volcanique l'ont rendue fertile, et maintenant c'est le vert qui éclate dans sa végétation luxuriante, jusque dans le tuf des pierres. Des tremblements de terre l'ont détruite à plusieurs reprises, mais ont aussi modelé ses grottes et ses rochers, ciselé ses ravissantes côtes, et fait jaillir les chaudes, vivifiantes et précieuses eaux thermales qui ont fait sa réputation.
L'histoire, la beauté et la légende unissent les deux îles ; leur caractère, leurs habitudes et leurs styles de vie les séparent. L'une, théâtre cosmopolite pour vacances mondaines et insouciantes, l'autre, paradis vert pour vacances saines et reposantes.

La mer s'est éloignée, le paysage devient rocheux, et voici des hommes absorbés par des métiers et des gestes ancestraux.

À quelques kilomètres à peine, voici l'*autre* île, au visage plus paysan que marin, encore secrète, éloignée des plages, de la mer et des touristes. Nous sommes au pied du mont Epomeo, le point culminant de l'île, lieu mythique, couvert d'arbres fruitiers et de vignobles, terre d'agrumes et de légumes cultivés avec amour par des habitants au visage serein, marqué par le soleil et par le temps.

Dans les ruelles étroites, la lumière du soleil s'estompe, devenant douce et feutrée.

Nous sommes encore dans l'*autre* Ischia, celle qui, outre sa campagne exubérante, offre des villages et des bourgs silencieux, presque endormis, où le temps s'écoule lentement, au rythme d'une vie ancestrale. Loin des foules estivales, du bruit et de l'agitation, au-delà des arcades baignées par l'ombre, apparaissent à nouveau des paysages lumineux face au bleu de la mer, et des terrasses qui surplombent ces anses et ces criques enchâssées dans la côte.

Parfums d'agrumes et saveurs marines : un délicieux mariage, insolite et sophistiqué.

Le promontoire qui domine la baie de Lacco Ameno, célèbre pour sa beauté mais aussi pour la richesse de ses eaux, est l'endroit rêvé pour des vacances vivifiantes. Un hôtel, le *San Montano*, avec son panorama à 360 degrés, perdu au milieu des vignobles et du maquis méditerranéen, offre une occasion rare de pouvoir s'isoler. On peut emprunter de petits sentiers, semblables à des balcons sur la mer, s'attarder dans la piscine d'eau thermale tiède, ou bien nager dans celle, plus fraîche, d'eau de source. Un environnement insolite, loin de l'ambiance un peu triste des thermes habituels. Pasquale, le chef, complète cet éden avec sa cuisine non moins paradisiaque : trêve de renoncements puisqu'une grotte fumante et naturelle est là pour aider à éliminer les excès.

Travelling sur Ischia la gastronomique, sur ses produits authentiques et ses recettes typiques, pour terminer la course sur la note rafraîchissante d'une coupe glacée.

Juillet. Montepertuso, Positano et la côte amalfitaine

Au pied de ce site imposant et sauvage, une coupole raffinée se détache sur un arrière-plan doux, aux couleurs ténues et délicates.

Vers le sommet de la montagne, une cavité dans la roche, la Vierge, le Diable et la victoire du bien sur le mal. C'est la légende (ou le miracle...) que Montepertuso fête tous les ans, avec une cérémonie spectaculaire. Positano, ancien bourg portuaire, est devenu l'un des centres les plus pittoresques et les plus fréquentés de la côte. Ses maisons multicolores dessinent une composition bariolée faite d'escaliers, de terrasses fleuries, d'arcades et de ruelles. Dévalant vers la mer, elles sont les vitrines à ciel ouvert des artisans et artistes locaux, à l'origine d'un style surnommé « mode de Positano » : sandales, tissus, vêtements, céramiques et dessins, autant d'objets typiques fabriqués sur place, sur commande, à la minute, ou même sur mesure. Presque sur la grève, l'église Santa Maria Assunta, avec sa coupole magnifique revêtue de majoliques colorées, achève cette descente vertigineuse.

Ce palais du XVIIIe siècle, de style baroque napolitain, fut la demeure estivale de Joachim Murat. Aujourd'hui, c'est un hôtel protégé par un jardin magnifique, qui n'a rien perdu de son ancienne splendeur.

HOTEL
PALAZZO MURAT

Le collier que Giosuè porte d'un air amusé n'est pas en corail mais en petits piments. En revanche, il y a plus de fierté que d'amusement dans l'expression qu'il prend lorsqu'il montre ses « panzarotti ».

Désormais, il est fréquent de croiser un peu partout, en Campanie, des histoires de métiers, de commerces ou d'entreprises qui passent d'une génération à l'autre. Le restaurant *Da Vincenzo* a gardé le nom du père de Giosuè, qui l'a créé. Et il est déjà prévu que son fils, un autre Vincenzo, fasse perdurer, non seulement par le nom, mais aussi par la tradition, l'œuvre du grand-père. Pour l'instant, il aide Mamma Marcella en cuisine et prépare de délicieuses glaces aux fruits, et qui ont la forme du fruit ; on le retrouve aussi en salle où le père, jovial, accueille les clients.

La cuisine, d'inspiration populaire, se conjugue avec le goût léger et floral de la lumineuse véranda.

L'hôtel *San Pietro* est un endroit de rêve. L'édifice a surgi au sommet d'un éperon rocheux, dominant la mer, à côté d'une petite chapelle du XVIIe siècle dont il a pris le nom. Les chambres, les salons, les terrasses et les jardins descendent en cascade vers les eaux bleues, dans une luxuriance de feuillages et de fleurs, et si naturellement enchâssés dans la roche qu'ils semblent en faire partie depuis toujours. Le rêve, ici, nous laisse imaginer le paradis…

IL RITROVO

Le potager et le verger sont tout près, derrière la maison, pour le plus grand plaisir de la table.

Reconnaître dans les assiettes les produits simples et familiers de la cuisine de toujours ne présente aucune difficulté : les fleurs de courgettes à peine cueillies et déjà croustillantes, les poivrons, si doux, farcis ou en lanières, le vin et les petits gâteaux faits maison. Mais il est un fruit presque oublié, qui arrive sur nos tables de plus en plus rarement. À Montepertuso, en revanche, on consomme les fruits du mûrier encore couramment, et chez Salvatore, au *Ritrovo*, ils garnissent les délicieuses tartes maison que Teresa, sa fiancée, prépare en cette saison.

Un pin parasol centenaire veille sur le clocher, la coupole et la petite église qui, eux-mêmes, dominent le golfe, le village et la côte.

À quelque distance de la mer, des villages posés dans la verdure répandent un doux parfum d'agrumes ; citrons et cédrats égaient de leur écorce jaune et lumineuse chaque coin de ruelle. Profitant du moindre arpent de terre suspendu entre la roche et la mer, tonnelles et terrasses audacieuses, adossées à la paroi de tuf, abritent de minuscules vignobles que le soleil réchauffe et que la brise marine caresse. Ils sont la demeure de vins qui portent le nom de ces villages et de ces lieux enchantés : Tramonti, Furore, Ravello.

Août. Ravello, de résidences en villas légendaires

Une image du passé sous le bleu du ciel, et une image du présent contre le turquoise de la mer.

Un ciel intense souligne les angles de la tour fortifiée, dont les fenêtres jumelées adoucissent l'aspect sévère, tout comme le lierre escaladant ses pierres. La Tour majeure, à l'origine sans doute un ouvrage de défense, fait partie de l'ensemble spectaculaire de la villa Rufolo, à Ravello. Elle se dresse, anguleuse et solennelle, contrastant avec le style arabisant des frises et la beauté luxuriante et colorée du jardin qui l'entoure. La piscine fait partie d'un ensemble où l'on peut s'isoler et profiter de cette magnifique côte amalfitaine sans se ruiner. La villa dello Scarpariello a été, par le passé, la demeure d'illustres personnages et le théâtre d'événements importants. Aujourd'hui, elle offre son hospitalité pour des vacances simples et retirées. Depuis la mer, ce refuge semble sculpté dans la roche. En arrivant, il reste toujours invisible. On aperçoit tantôt un escalier, tantôt un balcon fleuri, à pic sur les vagues.

Partout la mer, et toujours des terrasses surplombant le bleu ; derrière, une porte s'est ouverte, comme une invitation à se protéger d'un soleil aveuglant, dans l'ombre douce des couloirs.

Mêmes lieux, même période, mêmes vacances, toujours à l'écart de la foule : nous sommes tout simplement passés de la beauté à la magnificence, et de la simplicité au raffinement. À l'emplacement le plus séduisant d'Amalfi, au début du siècle dernier, on a construit l'hôtel *Santa Caterina*. Au fabuleux décor de jardins et balcons débordant de fleurs, l'établissement ajoute le charme de ses intérieurs, meublés avec goût, et une atmosphère accueillante et reposante sous le signe du confort. Les lieux offrent deux possibilités originales et exclusives : dans un jardin privé, juste à la limite des sentiers de promenade, la Folie amalfitaine et la Maison de l'Orange rendront les vacances inoubliables.

Antonio propose une cuisine d'été savoureuse : un turban d'aubergines, une grillade de poissons, une salade et, pour terminer, le fameux « limoncello » glacé.

Nous sommes encore au *Santa Caterina*. Un ascenseur descend jusqu'à la mer. Là, une plate-forme, construite sur les récifs et entourée d'arcades couvertes de bougainvilliers, abrite la piscine, divers équipements et quelques coins ombragés. Au milieu des citronniers, sur une grande terrasse protégée par une tonnelle et le feuillage des arbres, des tables dressées, un four et un buffet offrent une pause agréable, au bord de l'eau et à l'abri du soleil. Le service est impeccable, dans une atmosphère à la fois simple et élégante.

Tandis que le coucher du soleil assombrit le vert des palmiers, une lumière dorée colore la colonne et traverse les fenêtres jumelées ouvertes du château.

De la splendeur passée il ne reste souvent que quelques traces, quelques ruines et les échos transmis par l'histoire. Ravello, pourtant, a réussi à garder la plupart de ses trésors. La villa Cimbrone est l'un de ces précieux témoignages : tandis que le regard est saisi par la magie du lieu et l'atmosphère romantique de ses intérieurs, l'esprit vagabonde à travers le monde et les époques, grâce à une magnifique collection d'éléments architecturaux et décoratifs.

Bustes, statuettes, verrerie précieuse et détails d'architecture… l'Histoire s'offre ici partout aux regards.

Nous sommes toujours à la villa Cimbrone. Après le château, voici le jardin, invitation à une promenade presque irréelle. Des statues ravissantes, pensives ou sévères sont posées au milieu des plantes rares et des colonnes aux styles différents, ou bien sur des fontaines. Frises, fenêtres jumelées, cloîtres et petits temples se succèdent tout au long des allées et sous les tonnelles qui débordent de glycine parfumée. Une galerie, la statue de Cérès, et enfin la fameuse terrasse de l'Infini. La mer ne fait plus qu'un avec le ciel, devant le défilé immobile et silencieux des bustes en marbre.

D'un côté, un cloître pour la prière, élégant et raffiné ; de l'autre, un cloître pour les escapades romantiques, riche et ouvragé.

Une alternance de styles – arabe, sicilien et normand – caractérise le cloître qui, à la villa Cimbrone, a été le théâtre d'une vie opulente et de fugues romantiques. En revanche, le style romano-amalfitain caractérise le cloître du Paradis d'Amalfi, raffiné et élégant. Construit au XIIIe siècle, au pied du campanile décoré de médaillons polychromes, près de la cathédrale, il a été pendant des siècles le lieu de sépulture des personnages les plus illustres de la République maritime amalfitaine, célèbre et indomptée.

Des cônes en faïence : une architecture moderne, revêtue d'un matériau ancien, capable de prendre les formes les plus diverses.

En arrivant par la mer, la côte amalfitaine n'est plus ce monde inondé par le bleu, d'où que l'on regarde ; elle ressemble plutôt à une succession de niches de verdure où les maisons viennent s'enchâsser dans la roche. Au milieu de ce discret damier, les coupoles en majoliques des églises, décorées de motifs toujours différents, rehaussent le paysage de couleurs brillantes. La céramique est l'activité traditionnelle de Vietri et de ses environs, tandis que son musée en raconte l'histoire : une collection infinie d'objets d'art, de vaisselle et de carreaux, venant des maisons, des églises, d'anciens dallages comme des coupoles.

En automne, nous poursuivons notre voyage à l'intérieur de la Campanie, hors des circuits touristiques. Très nombreux sont les villages et les bourgs qui, riches d'histoire et de monuments, restent fidèles à leurs traditions, sans pour autant refuser le monde d'aujourd'hui. La nature se fait plus douce. Les couleurs passent progressivement du vert à l'orange, les feuilles tapissent agréablement les routes et les champs. En septembre, Caserta Vecchia s'anime à nouveau au moment du festival, ses rues et ses ruelles s'éclairent, le silence devient musique, les arcades et les tours deviennent le décor naturel de danses et de pièces de théâtre. Les vendanges imprègnent l'air du parfum du moût et réjouissent le regard avec la couleur des grappes mûres. Ce même raisin joue le premier rôle dans une étonnante cérémonie religieuse, au cours de laquelle ses grappes recouvrent les personnages des chars allégoriques, dames, chevaliers, peuple et clergé, pour nous conter l'histoire ancienne de Solopaca et de la terre de Benevento. L'automne est aussi la saison des brocolis, des scaroles, des fenouils, des kakis, des grenades et des pommes « annurche », variété rare et très recherchée. L'automne est encore le temps où l'on tue le cochon et où l'on fait ses provisions pour l'hiver : salamis, saucissons, jambons… ; c'est celui aussi des promenades dans les forêts du Sannio et du Matese, de la cueillette des châtaignes, des champignons et des truffes. Des forêts riches de pâturages d'où coulent des fromages délicieux, des lieux où l'artisanat est encore bien présent, avec les faïences de San Lorenzello et celles d'Ariano Irpino, où les arts et métiers anciens survivent toujours, derniers héritiers d'une tradition millénaire qui transforme en art le fer, le bois, la terre et la pierre.

automne…

Septembre. Fastes princiers et culte de la vigne

Le poids du temps a rendu la démarche de l'homme hésitante, et son expression pensive, mais n'a pas effacé l'air intrépide des lions.

À l'heure du couchant, la lumière de l'astre ne rencontre aucun obstacle dans la plaine qui entoure Caserte ; seule la cité retranchée sur la colline en capture toute la couleur. Peut-être parce qu'il est situé en hauteur, autrefois ce bourg médiéval, l'un des mieux conservés d'Italie, portait le nom de Casa hirta, « Maison haute », avant de prendre celui de Caserta Vecchia, « Caserte l'ancienne ». Au cours des siècles, une série d'invasions d'abord, puis la succession de familles illustres de seigneurs et de feudataires l'ont doté de palais, d'églises, de tours et de clochers. Après la construction du palais royal, Caserte s'est vidée de ses habitants, qui sont descendus dans la plaine en laissant ce bourg enchanté presque désert, mais intact. La cathédrale, magnifique, se dresse austère et majestueuse au centre du village, avec sa façade en tuf blond que soulignent des arcatures en marbre blanc.

À la fin du jour, silence et lumière vespérale enveloppent le bourg, presque désert, et tout devient doré : la façade de la cathédrale, son clocher, la rue et ses pavés polis par le temps. Mais nous sommes en

septembre, et au moment du festival, la Caserta s'anime à nouveau, ses rues et ses ruelles s'éclairent, le silence devient musique et les arcades et les tours deviennent le décor naturel des danses et des pièces de théâtre.

« Ambition et défi d'un roi. » À elle seule, cette formule suffirait à présenter le palais royal, chef-d'œuvre architectural du XVIII*e siècle.*

Pour Charles III de Bourbon, roi de Naples, ce palais devait non seulement témoigner de la grandeur de sa famille, mais aussi rivaliser avec le château royal de Versailles en splendeur et en luxe. Aux merveilles du palais, il fit ajouter l'œuvre grandiose des jardins, avec leurs cascades, fontaines, sculptures et allées bordées de plantes rares qui s'étendent sur une surface impressionnante. Dessiné par Luigi Vanvitelli, célèbre architecte napolitain qui assura le démarrage des travaux, le palais fut construit par étapes successives, nécessitant une armée d'artistes, artisans, ouvriers, forçats et esclaves, et fut achevé seulement par la génération des rois qui succédèrent à Charles de Bourbon. Depuis ce temps-là, il est considéré comme l'une des plus belles et importantes résidences royales d'Europe et inscrit à ce titre sur la liste du patrimoine mondial.

S'il est encore fréquent de croiser un troupeau, il est en revanche de plus en plus rare de rencontrer la figure solennelle et rustique qui le surveille.

Le bâton, l'âge et le métier, ancestral et modeste, n'enlèvent rien à l'élégance simple de la démarche et de l'allure de ce personnage qui ramène brusquement l'horloge du temps en arrière de plusieurs générations. Non loin, la plaine est jonchée de ruines romaines, de vestiges historiques, de vieux remparts et de monuments anciens, mais elle est également envahie par les bruits d'une vie chaotique et le croisement des autoroutes, par des usines et des constructions récentes et banales.
Il suffit cependant de s'écarter un peu des routes pour se retrouver soudain au milieu d'une région différente, à la beauté antique, dans des paysages naturels et humains encore secrets.

MASI

Dans les assiettes, la cuisine d'une rusticité paysanne contraste avec la présentation soignée et le choix sophistiqué des vins.

En marge des destinations les plus fréquentées, loin du littoral et des hôtels de rêve, commence le voyage au cœur d'une région encore méconnue, à la découverte de forêts, de campagnes et de saveurs authentiques, de traditions et de gens simples qui ont su rester accueillants et disponibles. Les haltes se transforment en moments conviviaux passés chez des amis, la cuisine devient une découverte continue de saveurs authentiques et rares. *La Caveja*, à Pietravairano, est une des étapes qui nous introduisent dans ce monde. Tous les produits sont issus de ses terres, de son vignoble ou de son troupeau : les petites *ricotta* fraîches, tout juste caillées, sont arrivées directement dans l'assiette, sans passer par la cuisine.

Sur les collines, un village et son marché, réunissant les produits de la mer et des montagnes toutes proches. Pour l'habillement, juste un regard ; pour les produits du potager au contraire, un achat.

Plus proche de la montagne que de collines, Vairano Patenora a son château, ses portes d'époque, une origine très ancienne et un marché hebdomadaire. Au marché du mercredi, rien de superflu, seulement les produits de la terre, mais aussi des sardines et des anchois frais. Une vieille recette permet encore de conserver le poisson, qui attend le client dans un récipient très actuel en acier brossé, de même que les fromages de production artisanale ont appris à se sentir à l'aise sur le plateau de la balance toute neuve. Il reste néanmoins des traces du passé : les poulets de la ferme, enfermés dans un vieux carton, les mains rugueuses qui serrent de petits piments, et le sourire satisfait d'un visage encore beau, net et serein.

5,00
10,00

Une machine pour le presser, un distributeur pour le servir, mais c'est toujours la main qui cueille le raisin.

« Le vin, la plus aimable des boissons, soit qu'on le doive à Noé, qui planta la vigne, soit qu'on le doive à Bacchus, qui a exprimé le jus de raisin, date de l'enfance du monde », a écrit Anthelme Brillat-Savarin dans sa *Physiologie du goût*. La vigne et le vin nous servent de guide dans cet itinéraire qui traverse le cadre séduisant des vignobles et des fermes, au moment où les vendanges imprègnent l'air du parfum du moût et réjouissent le regard avec la couleur des grappes mûres. Ce même raisin joue le premier rôle dans une étonnante cérémonie religieuse, au cours de laquelle ses grappes recouvrent les personnages des chars allégoriques, dames, chevaliers, peuple et clergé, pour nous raconter l'histoire ancienne de Solopaca et de la terre de Benevento.

Marier les saveurs est un art : celui par exemple de réunir dans la même assiette tous ces légumes différents, tous également délicieux.

Pina et Gino forment un couple dans la vie comme au travail. Car *Pina e Gino*, c'est aussi un établissement agréable où déjeuner, acheter, déguster. On peut goûter les plats traditionnels ou créatifs de Pina, dans la salle lumineuse du restaurant ; on peut acheter les produits du terroir, choisis avec amour et alignés sur les étagères ; et l'on peut déguster les vins magnifiques de cette région, sélectionnés par Gino, dans l'ambiance chaleureuse de l'œnothèque. Étape obligée à quelques pas du théâtre antique, elle annonce la suite du voyage et la rencontre avec d'importants vestiges de Beneventum la romaine.

STABILIMENTO G. ALBERTI
PRESSO LA STAZIONE FERROVIARIA
IDRATO MEDIO 0750
LIQUORE STRE
SPECIALITA' della Soc. An. DISTILLERIA LIQUORE STREGA
DITTA
GIUSEPPE ALBER
BENEVENT
VIETATO FUMARE
E USARE FIAMME LIBERE

La vision de ces herbes sèches entassées en fagots ne rend que faiblement la réalité des lieux. Tout serait différent si l'odorat remplaçait la vue.

Si le nougat de Benevento est connu depuis des siècles, sa liqueur est aussi appréciée de longue date : la Strega, un nom qui évoque une légende peuplée de sorcières (*strega*), de festins infernaux et de messes sabbatiques sous les noyers. Le safran à la couleur dorée, les parfums d'angélique, d'orange amère et d'épices font partie des soixante-seize composants de la recette de cette liqueur, si secrète qu'elle a donné naissance à un musée présentant plus de cinq cents imitations. Après juin et son important prix littéraire, Benevento accueille en septembre des manifestations théâtrales qui envahissent les lieux historiques, les places et les rues : nous sommes passés du mythe à l'histoire, et du rite au théâtre.

Octobre. Petits bourgs, anciennes demeures et artisans

Si l'aspect neuf des bouteilles posées sur d'anciens tonneaux, dans la vieille cave, n'est pas gênant, en revanche, les tuiles mécaniques dénaturent singulièrement la façade décorée de fresques.

La saison, les paysages, terres de vignobles, donnent une fois de plus au vin le premier rôle. Les domaines viticoles ont évolué : aujourd'hui ils ne sont plus seulement des lieux de production, mais proposent, à côté de leurs vins, les spécialités de leur terroir et l'hospitalité de leur maison. Sant'Agata dei Goti, surplombant deux cours d'eau, au pied du mont Taburno, est un ravissant bourg médiéval où, d'emblée, s'impose la beauté des palais et des églises. Fascinés par son charme discret, nous arrivons au cœur du centre historique où, avec *Arcadia*, commence cet itinéraire. C'est le nom que les Mustilli, grande famille de vignerons, ont donné à leur maison d'hôtes, installée dans un palais du XVIIIe siècle, sur une placette, à côté d'un ancien couvent. Une vieille cour, une atmosphère familiale et, de chaque fenêtre, des paysages saisissants et des toits à perte de vue. À proximité, les anciennes caves, creusées dans le tuf, sentent bon le moût : les vendanges sont terminées et commence maintenant la transformation des vins.

Insouciance d'une tête cassée et des plantes grasses qui lui servent de cheveux, concentration du potier sur son tour : telle est l'argile, tour à tour exigeante et désinvolte.

Progressivement, métiers et produits artisanaux disparaissent de ces lieux retirés : les dentelles de Cerreto Sannita se font rares, alors qu'ont déjà disparu les tissus magnifiques de l'Antica Filanda, l'ancienne filature de Pontelandolfo ; toujours présente et bien vivante est en revanche la faïence de San Lorenzello. La tradition séculaire se perpétue avec les formes et les décors typiques : animaux, figures religieuses et paysages, jaune manganèse, vert de cuivre et orange, les motifs et les couleurs ont rendu la céramique de Cerreto originale et célèbre. Guido Barbieri, autrefois bon artisan, est à présent un artiste connu dans le monde entier ; il a redécouvert cette forme d'art et, dans le respect de la tradition, réussi cependant à créer son propre style.

2002

Le Sannio antique est une région au charme discret, aux villes secrètes mais riches d'histoire et d'émotions, désignée parfois comme la « province ensorcelée de la Campanie ».

Si le simple fait de le déboucher rend si heureux, le vin du domaine ne peut qu'être excellent…

Nous quittons San Lorenzello au milieu des pentes raides de ses hêtraies. Bientôt Cerreto Sannita nous accueille, avec l'escalier théâtral de sa cathédrale, l'échappée rectiligne de ses rues et l'enfilade ordonnée de ses maisons aux portails magnifiquement ouvragés. Le paysage a maintenant changé, et avec lui la cuisine. Les plats offrent une simplicité rustique, avec ces saveurs fortes, liées à la culture paysanne d'autrefois et aux produits typiques du terroir. Les champignons des sous-bois, le pain et les charcuteries maison, les fromages de chèvre et de brebis qui paissent en liberté, le vin du domaine qui a mûri dans la vallée, dans des vignobles de propriété : une symphonie de saveurs…

Les produits, le bonjour, la partie de cartes, et même l'oratoire, installé dans une cavité de l'arbre centenaire, tout ici est naturel.

En arrivant à Cusano Mutri, le paysage se fait plus montagneux. Les maisons en pierre sont accrochées à l'arête du mont Mutria, au pied du parc régional du Matese, et le paysage, adossé au massif de l'Apennin, apparaît dépouillé et sévère. À la douceur exubérante des coteaux plantés de vignobles succèdent ici les profondes forêts de châtaigniers, domaine d'élection du champignon. *La Sagra dei funghi*, la Fête des champignons, marque le début de la cueillette, mais c'est aussi une occasion de célébrer tous les produits de la vigne, du potager et des pâturages.

Remparts et meurtrières n'ont plus rien à défendre : ils préservent maintenant l'intimité des recoins, innombrables mais tous séduisants, d'une demeure nobiliaire.

Restauré et toujours habité, offrant à ses hôtes la possibilité de vivre pendant quelques jours comme des châtelains dans ses salles décorées de fresques, riches des armoiries et des trophées de famille, le Castello della Leonessa appartient au patrimoine insoupçonné de châteaux, demeures et fortins que nous offrent Avellino et sa province. Flâner parmi les vieilles pierres est une manière de poser son regard, un bref instant, sur l'Irpinia, une région de la Campanie où paysage et environnement, musées et mémoires, fêtes et métiers, ont su garder entière leur dimension humaine.

ESERCITO NEL REGNO DI NAPOLI

Solennels et majestueux, ces pins annoncent l'élégante demeure, à la façade splendide, dans un pur style baroque.

Construite aux XIIe et XIIIe siècles, la chartreuse de San Giacomo fut d'abord un monastère, important centre spirituel et agricole, pour devenir, au XVIIIe siècle, une abbayc. Abritant un cloître magnifique, des pavements de grande valeur, mais aussi des tableaux, elle a été transformée, après à peine un siècle de vie abbatiale, en fastueuse résidence de campagne. Un hôtel raffiné semble aujourd'hui clore ce parcours : charme et silence rappellent l'ancien monastère, cuisine, service et atmosphère nous ramènent au contraire au temps de la noble demeure de campagne.

Les cannelloni d'aubergine, si joliment colorés, la pintade, enveloppée de truffe, et le flan au chocolat évoquent presque une nature morte dans des saveurs de rêve.

Novembre. Antres et solfatares de la Naples antique

Deux cloîtres, un seul monument, deux perspectives, une seule ambition : la beauté et la tranquillité sereine de ce lieu qui fut un sanctuaire.

De la mer, de la terre ou du ciel, juste après le Vésuve le regard se fixe sur cette grande forme blanche au point culminant de la ville de Naples. À l'origine, la chartreuse de San Martino était un monastère que Charles d'Anjou voulut dédier à l'évêque de Tours. Elle subit à la fin du XVIe siècle une radicale transformation et les goûts classique et baroque effacèrent alors les vestiges gothiques. Dirigé d'une main de maître, cet immense chantier artistique devait s'étaler ainsi sur plusieurs générations. Son rôle monastique achevé, elle devint un musée national qui, par sa beauté et la richesse de ses œuvres, est considéré aujourd'hui comme l'un des monuments les plus importants de la ville. Nombre d'objets, documents, esquisses, peintures, sculptures et céramiques retracent son histoire et l'impressionnante crèche et son théâtre de marionnettes racontent le peuple napolitain.

Éclairés par le soleil, les gradins antiques mènent vers le mysticisme et la religion. De même, les voûtes en trapèze de la galerie souterraine conduisent vers le mystère et la légende.

Fouilles, vestiges et remparts racontent la naissance de la première colonie grecque d'Italie qui, plus tard, prit le nom de Cumes, port célèbre et ville riche et cultivée. Attaquée par les Étrusques, elle fut conquise par les Samnites, puis par les Romains, avant d'être détruite par les Napolitains. À travers une galerie creusée dans le tuf, Virgile nous conduit vers la grotte où la Sibylle de Cumes, prêtresse d'Apollon, prédisait l'avenir aux pèlerins et le destin à Énée. Juste à côté, l'escalier nous mène vers deux esplanades qui surplombent la mer, autrefois toute proche, et évoquent, avec leurs ruines grecques et romaines, les temples antiques de Jupiter et d'Apollon.

Les barques immobiles et les filets en tas nous laissent penser que la journée est terminée. Mais ici, dans le sud, il s'agit simplement des heures endormies de l'après-midi.

Les villas romaines, précieuses et raffinées, qui regardaient la mer « du golfe le plus beau du monde », comme l'écrivit Horace, ont disparu, noyées sous les flots. Le phénomène qui a secoué les environs de Pouzzoles a effacé ce lieu unique de villégiature et de soins. Souvent évoqué dans la littérature antique, il fut le théâtre splendide des vices et de la *dolce vita* des personnages les plus célèbres de l'histoire de Rome. Un château, dans lequel sont exposées les découvertes des fouilles, un impressionnant parc archéologique et les énormes coupoles des thermes antiques attestent de la magnificence de ce monde. Sans ces témoignages, il serait bien difficile d'imaginer que le tranquille petit port de pêche d'aujourd'hui a été autrefois le port grec de Cumes, à l'activité commerciale importante.

Piazza di Efesto pour les Grecs, piazza del Vulcano pour les Romains... Le cratère du volcan Solfatare, éteint depuis 4 000 ans, est peut-être encore aujourd'hui la demeure du dieu du Feu.

L'odeur âpre du soufre, l'inquiétant brouillard des fumerolles, la chaleur et le grondement étouffé des gaz sont considérés aujourd'hui comme des phénomènes naturels dans le cratère d'un volcan, même s'il est endormi depuis longtemps. Pour nos ancêtres en revanche, ils étaient la manifestation de la colère des dieux et des géants qui habitaient ces terres ardentes. Après les Grecs, les Romains occupèrent à leur tour cette ancienne colonie et l'appelèrent Puteoli : pendant longtemps, elle fut le port le plus important de l'Empire.

C'est le tesson d'un monde intact, mais aussi un moyen de transport original, une tentative de maintenir l'équilibre entre confort moderne et silence d'autrefois.

L'extraordinaire cérémonie religieuse qui se déroule au moment de Pâques est une invite à mieux connaître Procida, l'île magique. Après l'été, en dehors des jours de fête, l'île retrouve sa véritable identité et l'on peut enfin partir à sa découverte. Une fois adapté à son rythme, dicté aujourd'hui par la terre et non plus par la mer, on retrouve alors le plaisir de flâner d'une rue à l'autre, pour finir au milieu des potagers, des orangers et des citronniers ; et, tout à fait naturellement, l'on gravit et l'on descend les marches encaissées entre les murs colorés sans jamais faire de pause. En cette saison, la vie se déroule à l'intérieur et derrière les façades et les portes des maisons bariolées de Corricella, et la mer que l'on aperçoit de là-haut, au milieu de l'enchevêtrement des ruelles, offre toute sa beauté.

Cordiale et sans formalité, d'un air presque maternel et orgueilleux, elle offre à son hôte l'hospitalité chaleureuse de sa maison.

Notre promenade se poursuit d'un quartier à l'autre ; les maisons se font plus rares et se cachent au milieu des vergers qui ressemblent cependant plus à des jardins qu'à des champs. Et justement, dans l'un de ces jardins, que l'on pourrait qualifier de « spontané », nous attend *La Rosa dei venti*, et l'accueil simple et amical d'une famille. Sur un rocher en à-pic sur la mer, nous sommes logés dans des petites maisons posées parmi les vignes, cachées à l'ombre des citronniers et des arbres fruitiers, entourées par les légumes de saison et les herbes aromatiques. Dans la maison familiale, au milieu de portraits qui lui sont chers, Titta, la mère, nous sert les légumes de son potager et le vin de sa vigne. C'est à ce moment précis que l'île devient intime.

Parfois, pour les soigner, on peint les citronniers en bleu. Mais l'on peut aussi imaginer que ces arbres veulent rivaliser avec les maisons colorées qui les entourent.

Une serre pour citronniers, où flotte encore un parfum d'agrumes, accueille des petites tables pour les repas. Il suffit d'un rayon de soleil pour qu'elles soient dressées, quelle que soit la saison. Le soir, on dîne à l'intérieur de la maison, dans une pièce chaleureuse et accueillante qui ne reste ouverte que si « les bécasses le permettent ». C'est la saison de la chasse, et Francesco – Ciccio pour les amis – abandonne la ligne et le filet pour son chien et son fusil. Pour Paola, sa femme, cuisinière exquise, c'est l'occasion de se reposer du travail de l'été mais, une fois la chasse terminée, le lapin et le gibier viendront, avec les homards et les dorades, réjouir le palais des convives et égayer les tables d'hiver.

Une recette qui ne connaît pas de saison, les linguine aux brocolis et aux moules ; une autre qui a encore le goût de l'été, les raviolis d'aubergines et « provola » sur un lit de tomate fraîche ; et pour finir, une délicieuse « panna cotta », parsemée de fruits rouges aux couleurs éclatantes.

Noël à Naples est une fête païenne… Pour l'occasion, les quartiers élégants, les milliers de vitrines de la rue Chiaia, les étalages du centre-ville se parent de mille feux. San Gregorio Armeno, où boutiques et ateliers se consacrent à l'art de la crèche, devient, en décembre, le cœur de Naples ; elle bat son plein grâce à la foule qui ondoie au milieu des échoppes et des magasins. Les Napolitains de tous âges cherchent, dans la multitude de personnages et de santons exposés, à dénicher la nouveauté. Le soir de Noël, la tradition d'un repas maigre exclut la viande de la table de fête. Poissons, fruits de mer, crustacés et légumes sont alors à l'honneur, ainsi que les délicieux gâteaux, spécialement confectionnés pour ce jour, et qui ont pour nom Roccocò, Pasta reale, Susamielli, Struffoli… La nuit de la Saint-Sylvestre, les feux d'artifice sont de la partie, mais on attend le bouquet final. En effet, Naples tout entier se transforme chaque année en un grand spectacle pyrotechnique. Non loin de là, Capri offre sa mythique petite place à des milliers de personnes, au son de la musique. Les feux d'artifice éteints et les crèches rangées, Naples semble s'arrêter, avant de retrouver son rythme habituel. Et c'est le moment de profiter de l'intimité de cette ville, de parcourir les ruelles de Spaccanapoli au milieu de ses boutiques, de ses pizzerias, de ses palais, de ses musées, de ses milliers d'églises où la vie ne s'arrête jamais. L'hiver est aussi l'occasion d'apprécier le charme et la beauté magique de la côte amalfitaine. La nature est alors plus douce grâce aux lumières et aux couleurs impalpables que la mer prend en cette saison. À l'heure précoce du coucher du soleil, les bleus intenses et éblouissants de l'été s'éteignent en une délicate couleur améthyste, pour virer ensuite au violet intense de la nuit.

hiver…

Décembre. Noël à Naples et l'art des crèches

Luigi Grasso aime tellement l'idée de pouvoir redonner vie à des objets qu'il a créé un « hôpital » des poupées, antre magique où, avec sa fille Tiziana, il soigne marionnettes, masques et poupées anciennes en tissu et porcelaine.

Passion : ce mot résume à lui seul la ville de Naples tout entière. Passion pour la mer, la pizza, la chanson, le *caffè*, le jeu, la superstition, passion pour le théâtre, l'amour, le miracle, la crèche, passion aussi pour un métier. L'amour des Napolitains pour certains personnages est indissociables de leur histoire. Partout l'on rencontre Totò, figure emblématique du théâtre populaire napolitain, ou Pulcinella, le masque que toute la ville vénère, au point de faire écrire à Benedetto Croce : « Je ne sais pas si ce masque est le portrait, la caricature ou l'idéal des Napolitains ». La fièvre commence en novembre, quand les *pastorari*, qui fabriquent les santons, envahissent la rue San Gregorio Armeno, et l'ensemble du quartier. Depuis des siècles, pour les Napolitains, la crèche est à la fois un art et un théâtre où ils se représentent eux-mêmes dans l'animation et la richesse de leur vie quotidienne.

La rue est une galerie d'images qui racontent émotions, histoires et situations de la vie quotidienne, ce sacré et ce profane qui, à Naples, cohabitent en parfaite harmonie.

La rue San Gregorio Armeno, où boutiques et ateliers se consacrent à l'art de la crèche, devient, en décembre, le cœur de Naples ; elle bat son plein grâce à la foule qui ondoie au milieu des vitrines et des étalages. Les Napolitains de tous âges cherchent, dans la multitude de personnages et de santons exposés, la nouveauté pour fêter la Noël proche. Le portail majestueux de l'ensemble monastique qui donne son nom à la rue devient soudain l'occasion de fuir la cohue étouffante et de passer de la confusion au silence inattendu de son cloître splendide. Agrumes et arcades entourent, comme un décor, la fontaine magnifique et la rencontre symbolique entre Jésus et la Samaritaine : une oasis de paix en souvenir des sœurs qui, en fuite depuis l'Orient, déposèrent ici les reliques du saint.

Le bleu des assiettes nous rappelle que Capri est l'île bleue ; les plats aux couleurs hivernales, en revanche, soulignent le fait que la cuisine suit le rythme des saisons.

Une soupe de haricots et de feuilles de scarole, une assiette de poulpes et de pommes de terre, voilà l'hiver soudain complice de cette tradition culinaire où civilisation paysanne et maritime se marient pour créer les associations et les saveurs authentiques de la cuisine locale. Pour la belle Serafina, de la *Buca di Bacco*, seule la chaleur des fourneaux rappelle encore l'été : le rythme des journées a changé, comme les clients. C'est la saison préférée de tous ceux qui aiment l'autre visage de l'île, celui de la paix et du silence ; c'est le moment préféré des résidents et natifs de l'île qui prennent à nouveau possession de la petite place mythique, de l'intimité de leurs ruelles et de la douceur de leur monde.

Mises au jour après de longues fouilles, ces statues revivent des temps heureux entre maison et jardin, témoins silencieux de l'art romain et de la magnificence de la villa impériale du grand Tibère.

La mer, le soleil, la terre et la légende sont les ingrédients du cocktail magique et fascinant auquel Axel Munte, célèbre médecin suédois, n'a pas su résister, faisant surgir la villa San Michele des ruines d'une chapelle et d'une villa romaine. Jardins, terrasses, tonnelles et arcades, tous de styles différents, décorés de statues et des pièces archéologiques les plus diverses, surplombent le panorama splendide de la mer, jusqu'à la côte de Sorrento. C'est ici qu'un médecin se changea en écrivain et raconta, avec une grande poésie, son amour pour cette île.

À peine sortie du four, la gaufre enveloppe délicieusement la glace, en atténuant la température et en exaltant la saveur.

Comme souvent dans les lieux de villégiature célèbres, Capri retrouve un charme insolite pendant les mois d'hiver. Capri, l'île des grottes et des sirènes, disparaît pour laisser place à l'île agreste que nous pouvons désormais découvrir en toute tranquillité : c'est avec un véritable plaisir que l'on emprunte les escaliers et les sentiers de promenade sous le soleil tiède de l'hiver. L'île touristique des grands hôtels et des villas somptueuses s'endort, et la Capri villageoise se réveille, avec son rythme particulier, que l'on partage avec les insulaires comme dans une grande famille. C'est le meilleur moment pour découvrir Capri, île artistique, avec ses églises et ses vestiges, et pour goûter l'île aux vins séculaires et aux liqueurs parfumées.

VINICOLA TIBERIO
FONDATA
1909
28

C'était l'un des taxis mythiques de la « dolce vita » de Capri, un véritable écrin pour des histoires fascinantes. Aujourd'hui, c'est une voiture rare, choyée et lustrée avec amour, qui se montre de temps en temps, fièrement conduite par le jeune Lorenzo.

Naguère villégiature favorite des personnalités les plus célèbres au monde, la Piazzetta, les ruelles, les taxis et les sentiers de l'île recèlent une infinité d'histoires. Fascinés par cette île, têtes couronnées et personnages illustres du cinéma, de la culture, de la mode et de la politique ont choisi Capri comme demeure ou comme lieu de vacances, faisant de l'île le théâtre de leurs extravagances, de leurs folies, de leurs mondanités. L'un des établissements de l'île, *Anema e core*, rassemble les images de ces soirées joyeuses. Guido Lembo, natif de l'île, avec sa guitare et ses chansons traditionnelles, réussit encore à déclencher cette allégresse qui, chaque soir, entraîne les spectateurs de tous âges en une explosion de danses et de chants.

Janvier. Le bonheur de vivre à la napolitaine...

Des murs ébréchés et une attitude résignée, mais il ne manque ni les fleurs pour saint Antoine, ni la niche pour la crèche.

Voici l'un des nombreux visages de Naples, celui qui, comme le rappelait l'acteur Eduardo de Filippo, avait cette expression résignée de *addà passà a nuttata* (cette nuit difficile finira bien par passer). Depuis quelques années, la nuit s'éclaircit : partie à la reconquête de ses quartiers, de ses monuments, de ses palais, églises et œuvres d'art trop longtemps oubliées, la ville semble renaître. Le moment est venu de jouir d'une cité animée par des spectacles et des événements, de flâner tranquillement dans les rues et ruelles de son centre historique, de se promener de magasin élégant en boutique d'artisanat et de s'asseoir, enfin, sur l'une de ses places qui, débarrassées des voitures, redeviennent de véritables salons à ciel ouvert. Le vieux Naples aussi a un nouveau visage. Cette partie de la ville, surgie à l'endroit même de l'ancienne Néapolis, au milieu des rues marchandes et des ruelles des artisans, dévoile maintenant des coins de verdure inattendus et parfumés, jusqu'alors cachés derrière les murs des églises, des cloîtres et des cours.

La belle voûte décorée de fresques de la sacristie de l'église San Domenico Maggiore abrite quarante-cinq sarcophages qui, alignés sur l'élégante galerie, conservent les corps embaumés de souverains et autres dignitaires.

À la fin du XIIIe et au début du XIVe siècle, à l'endroit même où s'élevaient les remparts grecs, a été construite San Domenico Maggiore, l'une des églises les plus importantes de Naples. Du haut de son bel escalier, elle domine la place qui porte son nom. C'est l'une de celles qui, dans un magnifique décor de palais Renaissance, a retrouvé sa vocation de salon à ciel ouvert. Destination incontournable pour le *caffè* et les *sfogliatelle* de la célèbre pâtisserie Scaturchio, où même le pape achète tous les ans la fameuse *pastiera*, le gâteau de Pâques. Lieu de rencontre où les touristes se mélangent aux Napolitains et où les jeunes se retrouvent le soir, elle symbolise, depuis toujours, le cœur de Spaccanapoli.

Dans une rue-théâtre, produits frais de la campagne et de la mer se mêlent aux personnages sacrés et aux figures ancestrales.

Les anciennes arcades de la rue des Tribunali, depuis toujours un marché, accueillent une foule vivante et fourmillante, où des vendeurs et des ménagères gesticulent et marchandent avec cette théâtralité toute napolitaine qui, depuis toujours, fait partie de leur quotidien. Comment imaginer un instant que derrière ce décor de vie populaire, parmi les boutiques et les pizzerias, se cache en réalité une succession rare de monuments religieux, de palais et d'œuvres d'art ?

NAPOLI
«Queste leggi un regalo agli usurai»

Beignets en pâte levée et « sfogliatelle », pour les petits creux de la journée…

La rue a toujours été la vitrine préférée des Napolitains. Avec le marché, elle exprime au mieux l'esprit de la ville et le caractère de ses habitants. Dans toute sa richesse, elle rivalise souvent avec les boutiques des antiquaires traditionnels. Quant aux gâteaux, il s'agit là d'une tentation à laquelle peu de Napolitains réussissent à se soustraire : la journée ne commence qu'après un *caffè* et une brioche, et se continue avec la *sfogliatella* frisée et les babas. Chaque fête a un gâteau symbolique. Voici donc la *pastiera* à Pâques, les *mostaccioli* et les *struffoli* à Noël, le *zeppole* pour la Saint-Joseph, et pour finir les croquants *roccocò*, souvenir de la domination française.

Une petite touche de néoclassicisme vient interrompre le style baroque traditionnel. Les lions, quant à eux, symbolisent les nombreuses insurrections contre les Bourbons.

La lumière mordorée et les animaux domestiques donnent un aspect plus intime à la pièce luxueuse que l'on aperçoit derrière la fenêtre ; mais il ne s'agit là que d'un trompe-l'œil. Nous avons quitté les quartiers populaires historiques de la ville et sommes arrivés à la piazza dei Martiri d'où rayonnent les rues les plus aristocratiques de Naples : les façades des palais alternent splendeur baroque et harmonie néoclassique, plus dépouillée. Ici point de boutiques, mais seulement des hôtels prestigieux et des magasins très élégants.

Chaque image représente une prière pour une grâce demandée, et chaque miniature figure la partie du corps pour laquelle la grâce a été demandée.

Il est peut-être l'un des derniers héritiers d'un art millénaire qui, entre le fer et le feu de la vieille forge, au milieu de jeux d'ombres fascinants, enveloppé d'air chaud, s'est figé, hésitant entre les gestes habituels de son métier ancestral, et l'acte, insolite, de prendre la pose. Désormais, même les ex-voto ne sont plus fabriqués de manière artisanale, mais produits en quantité industrielle ou exécutés, sur commande, dans les ateliers des bijoutiers.

Février. Au pied du Vésuve, d'Herculanum à Amalfi

Deux œuvres en mosaïque ancienne, deux merveilles à la destinée commune : la première, minuscule et colorée, dérobée aux cendres de Pompéi, l'autre, sobre et presque graphique, arrachée à la lave d'Herculanum.

Raffinée, avec ses nombreuses villas et résidences, plus petite que Pompéi, la ville d'Herculanum a été, comme Pompéi et Stabia, victime de l'éruption de ce mois d'août tragique de l'année 79. Elle n'a pas été ensevelie par les cendres, mais par une marée de lave haute de douze à vingt-cinq mètres qui, devenue un bloc impénétrable après le refroidissement, l'a rendue inaccessible jusqu'au XVIIIe siècle. Ayant ainsi échappé aux pillages et aux destructions, son état de conservation était à tel point remarquable que les structures ramenées à la lumière, après des fouilles longues et laborieuses, étaient restées intactes et permettaient de reconstituer l'image de l'ancienne ville romaine dans tous ses détails. Les maisons nobles et les maisons divisées en appartements portent aujourd'hui le nom des fresques et des mosaïques qui les décorent ; c'est ainsi que le magnifique pavement déformé par un tremblement de terre qui le fait ressembler à un moderne tapis en damier a donné son nom à la « maison à l'atrium en mosaïque ».

Ces splendides créatures marines se réincarnent après leur mort en bijoux, commençant ainsi une nouvelle vie, inanimée mais précieuse.

Entre le Vésuve et la mer, au centre du golfe de Naples, se trouve une dense agglomération urbaine, Torre del Greco, le lieu le plus célèbre de la Méditerranée pour l'artisanat du corail et des camées. Là, or rouge et coquillages sont devenus une source de revenus et une précieuse tradition artistique qui, avec le temps, a transformé en artisans les marins. Un don – végétal d'abord, puis animal – ayant fasciné les hommes depuis des siècles, et qui a été tour à tour amulette, monnaie, médicament, aphrodisiaque, fertilisant, et toujours un ornement prestigieux et un bijou surprenant.

TRANSATLANTICO
LA SCIALUPPA

ciro
RISTORANTE
PIZZERIA

Positano

Cachée par un pilier, la vue, imprenable à cet endroit, se dérobe aux yeux des passants. La palette d'un peintre a restitué habilement ce trésor…

…Il suffit d'une coiffure de verdure pour moderniser la physionomie la plus ancestrale. Cette étrange et gracieuse statuette en est la poétique ilustration.

Art nouveau et art ancien se mélangent dans la mode, la décoration et la gastronomie. La promenade à la découverte de l'artisanat est une occasion unique pour apprécier le charme et la beauté magique de la côte d'Amalfi en hiver. La nature est alors plus douce grâce aux lumières et aux couleurs impalpables que la mer prend en cette saison. À l'heure précoce du coucher du soleil, les bleus éblouissants de l'été s'éteignent en une délicate couleur améthyste, pour virer ensuite au violet le plus intense.

L'air sévère et très professionnel de la réception ne dénature en rien l'atmosphère familiale et chaleureuse de la maison.

En dehors de la saison estivale, les vacances deviennent agréables. Que ce soit dans un grand hôtel de luxe ou dans de simples chambres d'hôtes, l'hospitalité est plus attentionnée, plus chaleureuse, et tout le village devient une seule et grande famille. Il est possible alors de se laisser aller au plaisir presque nostalgique d'un souvenir, celui d'un style et d'une qualité de vie qui appartiennent au passé mais que ce lieu a su garder. On les retrouve lorsque l'on assiste à la fabrication d'une sandale sur mesure ou que l'on écoute le bruit de la machine à coudre qui façonne la robe et le costume de la saison prochaine. Un rythme oublié d'heures oisives, devant un *limoncello* parfumé et face à une plage déserte, pour de véritables vacances d'élite.

« Le papier vole sa forme aux rêves », « Le papier est le moyen du savoir », « Le papier est le point de rencontre des amitiés humaines »…

Amalfi l'insoumise a été l'une des plus puissantes républiques maritimes de la Méditerranée, et de ses anciennes splendeurs elle a gardé, depuis plus de mille ans, son Duomo, sa cathédrale, magnifique et théâtrale qui, du haut d'un escalier monumental, domine le centre historique, coloré et typique. Séculaire est le Duomo, mais aussi la longue tradition artisanale d'Amalfi. Habiles dans le travail du fer forgé et du tissage, experts dans la fabrication du papier d'art et de la faïence, les habitants d'Amalfi perpétuent encore aujourd'hui ces métiers avec un style et un goût authentiques qui conjuguent, dans le respect de la tradition, le moderne et le contemporain.

Mélange sublime de saveurs, de fraîcheur et de mer au cœur d'une région bénie du dieu de la gourmandise.

En plein centre historique, avec sa délicieuse petite terrasse fleurie, presque en face de l'escalier raide du Duomo, se trouve la maison où, autrefois, l'arrière-grand-mère Luisa, après avoir allumé les fourneaux de sa cuisine, commençait à préparer les recettes de famille qu'on servait dans la salle à côté. Sa fille Adélaïde a perpétué la tradition et a passé à son tour le sceptre de la grand-mère à Gemma, qui a donné son nom au restaurant mais aussi à des plats délicieux. Après trois générations de femmes, pour la première fois un homme est entré en cuisine : la lignée des femmes s'est éteinte, mais la tradition familiale reste bien vivante avec Mario aux fourneaux, et Franco en salle.

Merci Gilles, de m'avoir appris à regarder les choses à travers tes yeux et d'avoir rendu magiques les images que je pensais simplement belles. Merci Gilles, merci Catherine, d'avoir partagé avec moi temps, enthousiasme, amour et complicité lors de toutes ces ballades inoubliables, en toute sérénité.

Achevé d'imprimer en mars 2005
Sur les presses de l'imprimerie Pollina, à Luçon - L 93608
ISBN : 2-8307-0733-8
Dépôt légal : avril 2005
Imprimé en France

Itinéraires

Recettes

Vésuve

Sur tes chemins si singuliers, je suis en train de vivre, mon beau Volcan, l'aventure de l'automne. D'un pas joyeux, rythmé par le bâton, je marche lentement le long de tes sentiers, au milieu des pins, et gravis ta Montagne : c'est ainsi que t'appellent, avec déférence, ceux qui te vivent comme si tu étais l'Unique.
Septembre s'avance déjà, mais encore gorgé de soleil, il laisse filtrer son or entre les branches vaporeuses des arbres, et j'ai l'impression de pénétrer dans la nef d'une église byzantine.
Je longe la déchirure d'un précipice, je remonte par la pente qui surplombe la mer et le golfe tout entier.
La mer à tes pieds a ce bleu silencieux et immobile des gouaches, la côte se détache, limpide, dans la respiration immuable des bords de mer et, dans la poussière étincelante, les îles à la roche colorée racontent leurs mythes aux portes de l'horizon.
Je frôle les vignes déjà dépouillées et respire le parfum du vin nouveau qui révèle sa généreuse impulsion dès les premiers instants.
Depuis toujours, le vin est ton offre révérencielle à San Gennaro, la trame de ton histoire, le fil d'événements extraordinaires, des fleuves de feu qui se transforment en pierre, des vicissitudes humaines qui sommeillent dans ton cœur, mais aussi lien avec tout un patrimoine narratif qui remonte à la nuit des temps.
La terre que tu domines, que tu as tourmentée et bénie de tes cendres, a été l'une des premières où la vigne s'est établie, faisant du culte du vin une tradition, ce fil tenace qui relie les générations jusqu'à Pline.
Et pendant ce temps, alors que le soleil est déjà haut, l'essence du moût me suit et m'enveloppe en chantant. Et c'est alors que dans ce moment suspendu mon inconscient et les espaces de l'exil remontent à la surface, comme des musiques de l'enfance, me reviennent les noms de mes cépages qui sont aussi les tiens.
Et revient sans cesse cette ritournelle :

Qu'elle est belle la verdesca
*l'*olivella *et la* catalanesca
coda di volpe *et* grecolella
piede di colombo *et* falanghina
viens vite mon ami
faisons-en du vin

Maria Orsini Natale

1er JOUR

NAPLES

Notre escale à Naples ne dure qu'un jour. Nous pouvons choisir de passer une nuit romantique à l'***hôtel Santa Lucia*** (5 étoiles), surplombant le petit port face au Castel dell'Ovo, ou plus modeste, dans un petit hôtel, ***Chiaja***, situé dans un bel immeuble napolitain, en plein centre historique. Nous consacrerons l'après-midi à la visite du **Musée archéologique**. Rien de tel pour admirer la richesse et la beauté des collections exposées, mais aussi pour comprendre l'intérêt historique de la région.

Pour le dîner, nous succomberons aux charmes de l'ancien bourg maritime et de ***La Bersagliera***, restaurant historique qui, depuis trois générations, reste l'emblème immuable de la cuisine traditionnelle napolitaine.

Grand Hotel Santa Lucia
Via Partenope 46 - Naples
Tél. +39 0817640666
Fax +39 0817648580

Chiaja Hotel
Via Chiaja 216 - Naples
Tél. +39 081415555
Fax + 39 081422344

Musée archéologique national
Piazza Museo 19 - Naples
Tél. +39 081440166
Ouvert tlj. sauf mardi 9h-19h

La Bersagliera
Borgo Marinaro 10/11
Tél. + 39 0817646016
Fermé le mardi

2e JOUR

POMPÉI - BATTIPAGLIA - PAESTUM - SAN MARCO DI CASTELLABATE

Avant d'arriver à Pompéi, nous prenons rendez-vous avec le très sympathique **Guido Barone**, qui nous servira de guide lors de la visite du site. Cette belle promenade nous permettra d'imaginer la vie quotidienne de Pompéi à l'époque romaine, ville à la fois résidentielle et commerciale qui, depuis toujours, fascine et étonne avec ses monuments et son histoire.

La ***Palestra romana*** offre la possibilité de déjeuner à l'intérieur des thermes antiques ; c'est l'occasion aussi de prolonger, dans son cloître ombragé, ce voyage magique dans le passé. En tout début d'après-midi, nous empruntons l'autoroute en direction du sud, jusqu'à la sortie de Battipaglia, mais sans nous arrêter à Pontecagnano (nous y repasserons le dernier jour, mozzarella oblige...). À la sortie de l'autoroute, nous nous dirigeons vers la N18 et, à Capaccio, nous visitons le **Museo Narrante** (musée pédagogique), qui a ouvert récemment ses portes dans une vieille ferme : il s'agit d'une sorte de parcours conté, au milieu des vestiges archéologiques. Nous arrivons à Paestum, merveille architecturale et témoignage solennel de la civilisation grecque antique, au coucher de soleil ; c'est le moment idéal, lorsque la lumière rend encore plus saisissante la vision scénographique des temples doriques. La visite terminée, nous poursuivons notre voyage. Après la N18, nous empruntons la 267 et, tout de suite après San Marco di Castellabate, nous arrivons à la maison d'hôtes ***Giacaranda***, étape de charme où Luisa Cavaliere nous accueille pour le dîner et pour la nuit.

Guido Barone (Guide pour Pompéi)
Tél. +39 0818043613
Portable +39 3339257080

Fouilles archélogiques de Pompéi
Porta Marina - Piazza Esedra - Pompéi
Tél. +39 0818610744
Ouvert de novembre à mars 8h30-17h ; d'avril à octobre 8h30-19h30. Billetterie ouverte jusqu'à 1h30 avant la fermeture

La Palestra Romana
Thermes des fouilles archéologiques
Tél. +39 0818610777

Museo Narrante (Musée pédagogique)
Informations : Via Barizzo Foce Sele Capaccio (Paestum)
Tél. +39 0828861440
Ouvert mardi-sam 9h-16h

Fouilles et temples de Paestum
Via Magna Grecia - Paestum
Tél. +39 0828811016 - Ouvert tlj. 9h jusqu'à 2 heures avant le coucher du soleil

Giacaranda - *Contrada Cenito San Marco di Castellabate (Sa)*
Tél. +39 0974966130

3e JOUR

SAN MARCO DI CASTELLABATE - VELIA - MARINA D'ASCEA

La Taverna del Pescatore
Via Lamia
Santa Maria di Castellabate
Tél. +39 0974968293
Fermé le lundi

Iscaria
Località Velia
Marina d'Ascea (Sa)
Tél. +39 0974972241

Fouilles de Velia
Velia
Tél. +39 0974971409
Ouvert 9h jusqu'à 1 heure avant le coucher du soleil

A Machina, La Locanda del Fiume
Contrada Fiori - Pisciotta (Sa)
Tél. +39 0974973876

Le lendemain matin, après une belle promenade dans les abords du parc marin de Punta Licosa, nous quittons l'hôtel pour Castellabate, l'un des bourgs le mieux conservés du Cilento, et descendons ensuite jusqu'au très pittoresque petit port de Santa Maria, où Andrea, la cuisinière, et son mari Franco nous attendent à la ***Taverna del Pescatore*** avec des poissons du jour, fraîchement pêchés. Nous empruntons à nouveau la 267. Les panoramas magnifiques de la côte du Cilento défilent tout le long du voyage, jusqu'à Velia, autre étape archéologique riche d'histoire. Tout près des fouilles, pour le dîner et la nuit, nous pourrons avec un peu de chance profiter de l'hospitalité de Tilde et Nello Fariello, dans la chaleur de leur propriété, ***Iscairia***, où nous serons accueillis comme des amis. Et si Tilde n'est pas trop occupée, peut-être se proposera-t-elle de nous guider dans notre visite de Velia. Car non seulement elle est une cuisinière exquise, mais aussi une excellente archéologue. Et si toutefois il ne restait plus de place chez eux, nous continuerions jusqu'à Pisciotta. ***A machina, La Locanda del Fiume***, Sonia, elle aussi cuisinière experte et excellente maîtresse de maison, nous accueillira dans sa maison d'hôtes.

4e JOUR

PISCIOTTA - PALINURO - MARINA DI CAMEROTA - PADULA

Coopérative du Port (Location de barques et excursions)
Tél. +39 0974938294

Valentone
Piazza San Domenico 5
Marina di Camerota
Tél. +39 0974932004
Fermé le dimanche

Grand Hotel Certosa
Viale Certosa 41 - Padula (Sa)
Tél. +39 097577046 / +39 9728941173
Fax +39 097577126

Chartreuse de San Lorenzo
Viale Certosa - Padula (Sa)
Tél. +39 097577745
Ouvert tlj. 9h-20h

Taverna del Lupo
Largo Municipio 8 - Padula
Tél. +39 0975778376
Fermé dimanche soir et lundi

Le lendemain matin, notre voyage se poursuit sur la côte, où alternent maisons de pêcheurs, petites baies, criques et falaises à pic sur la mer. Nous arrivons à Palinuro où nous louons une barque pour profiter de cette mer cristalline, avec ses grottes, ses couleurs et ses reflets inoubliables. Marina di Camerota marque la frontière sud de la Campanie. Ici, sur la petite place du village, le restaurant ***Valentone*** est une affaire de famille, avec Antonio et Antonia aux fourneaux, et leurs enfants, Mariagiovanna et Carmelo, en salle. Après le déjeuner, par la N18, dépassé Buonabitacolo, nous arrivons à Padula et nous nous installons à l'hôtel ***Certosa***. De là, juste en face, nous pouvons admirer la magnifique **chartreuse de San Lorenzo**, et consacrer le reste de l'après-midi à sa visite. Le soir, le centre historique de Padula, perché sur la colline illuminée, nous invite à la table de ***La Taverna del Lupo***, où Michele et mamma Maria nous régaleront avec leur cuisine familiale, authentique et traditionnelle.

5e JOUR

PERTOSA - PONTECAGNANO - NAPLES

De bonne heure, après le petit déjeuner, nous empruntons l'autoroute en direction de Salerne pour sortir à Polla et rejoindre Pertosa, par la N19. Nous visitons en bateau la **grotte de l'Ange**, en suivant un parcours guidé le long d'un fleuve qui coule au milieu de la montagne. Tout de suite après, nous repartons par l'autoroute jusqu'à Pontecagnano. Arrêt obligatoire pour des achats à ***La Taverna Penta***, réputée pour son excellente mozzarella. Retour à Naples, après cet itinéraire-promenade obligé pour comprendre les origines, très anciennes, de cette région.

Grotta dell'Angelo
(Grotte de l'ange)
Via Muraglione - Pertosa (Sa)
Tél. +39 0975397037
Ouvert tlj. 9h-19h

Taverna Penta
Via Conforti 1
Pontecagnano (Sa)
Tél. +39 089383268
Ouvert lun-ven 8h30-14h ;
sam 8h30-13h30 ;
dim 8h30-12h30

Séjour romantique au milieu des citronniers

1er JOUR - JEUDI DE LA SEMAINE SAINTE

NAPLES - PROCIDA

Bed & Boat
Jordan and Jordan
Borgo Marinaro - Naples
Tél. +39 0814976032

Monasterio di Santa Chiara
Via Santa Chiara 49/c - Naples
Tél. +39 0815526280
Ouvert tlj. 9h30-18h ;
dim et jours fériés : 9h30-13h30

Pizzeria Lombardi a Santa Chiara
Via Benedetto Croce 59 - Naples
Tél. +39 08115520780

Restaurant Osteria del Gallo
Via Roma 82 - Procida
Tél. +39 0818101919

Il s'agit d'un itinéraire conçu sur mesure pour un petit groupe de 4 à 6 personnes (amis ou famille), aimant la mer mais aussi faire du bateau. C'est l'occasion de passer une nuit sur le ***Sun Odissey***, mais aussi de se déplacer en mer les deux premiers jours. Le matin, dès notre arrivée à Naples, après avoir laissé les bagages sur le bateau amarré dans le petit port de Santa Lucia, nous allons nous promener dans le centre-ville. Le **monastère de Santa Chiara** nous ouvre son magnifique cloître décoré de faïences. En sortant de là, nous déjeunons chez ***Lombardi a Santa Chiara*** d'une pizza savoureuse et rapide. Retour au bourg maritime pour embarquer et rejoindre Procida, où viennent de commencer les cérémonies de la semaine sainte. Vivre ces quelques jours sur un bateau nous permet, tout en restant à l'écart de la foule qui envahit l'île, de participer à ce rendez-vous religieux qui, aujourd'hui encore, reste l'un des événements les plus spectaculaires de la Campanie. Au coucher du soleil commence la procession des Apôtres : le cortège passera d'église en église, s'achevant par la célébration de la Cène. Après la cérémonie, ayant pris la précaution de réserver, nous dînons sur le port, à l'***Osteria del Gallo***, où Maria avec ses filles, Daniela et Tina, nous proposent les recettes traditionnelles de leur cuisine familiale.

2e JOUR - VENDREDI

PROCIDA

Abbaye de San Michele
Terra Murata - Procida
Tél. +39 081896761

Restaurant La Gorgonia
Via Marina Corricella 62 - Procida
Tél. +39 0818101060

Dès l'aube, après une nuit de veille et d'adoration, la statue en bois du Christ mort, suivie par un cortège de fidèles, est transférée au bourg de Terra Murata. De là repart la cérémonie mystique, au rythme des trompettes et des tambours, s'achevant à la tombée de la nuit par un défilé aux flambeaux, très scénographique. Au cours de la journée, une visite à l'**abbaye de San Michele** s'impose. Après être avoir traversé ses souterrains, contemplé le panorama de sa terrasse et rencontré Mgr Fasanaro, nous pourrons enfin dire que nous avons vécu des moments réellement magiques. Le soir, pour accroître l'enchantement, nous descendons au port de Corricella, ancien bourg de pêcheurs, vers le pittoresque port de Procida, et dînons dans une petite *trattoria* de famille, ***La Gorgonia*** : Angela est aux fourneaux, avec son mari Antonio, et leur fils Aniello nous réserve le meilleur accueil.

3e JOUR - SAMEDI

SORRENTO

Le lendemain matin, les yeux encore émerveillés par les joyeuses couleurs des maisons de Corricella, nous quittons ce coin de paradis par la côte. Nous naviguons dans le golfe de Naples, et le panorama de la ville qui s'étend au pied du Vésuve, tant de fois dessiné par les peintres, défile sous nos yeux. Il faut s'offrir une fois au moins le plaisir d'arriver à Sorrento par la mer ! La côte est de plus en plus belle et singulière, les hautes falaises en tuf se dressent, sombres, contre le bleu de la mer, et les maisons enchâssées dans le vert des forêts et des citronniers ressemblent à une crèche grandeur nature. Nous quittons la vie de bateau des deux premiers jours pour pénétrer l'atmosphère romantique et raffinée du ***Grand Hotel Excelsior Vittoria***. Après avoir pris rendez-vous, nous visitons la **Bottegamuseo de la Tarsia**, une boutique-musée qui expose et vend des objets et des meubles d'art, typiques de Sorrento, en marqueterie de bois. Après une promenade dans le petit centre-ville historique, au milieu des boutiques de camées, de bijoux en corail, de marqueterie, de faïences, de *limoncello* et de produits laitiers, nous goûtons à un petit en-cas dans le jardin ombragé du restaurant ***O'Parrucchiano***. Dans l'après-midi, arrivés à Sant'Agnello, nous visitons un lieu merveilleux situé au-dessus de l'éperon en tuf, et qui descend à pic sur la mer : la plantation de citronniers **Il Pizzo**, propriété privée créée en 1961 par Mariano Arlotta, toujours gérée par la famille réunie en coopérative avec d'autres exploitants. Ensemble, ils ont remis au goût du jour les techniques d'exploitation agricole traditionnelles et, après avoir banni les bâches en plastique noir et les pesticides pour protéger les citrons, utilisent à nouveau les tonnelles en cannisse. Le magnifique escalier en tuf qui descend jusqu'à la grotte située au niveau de la mer, date de l'époque grecque. Partout, les rayons de soleil traversent la cime des arbres chargés d'agrumes, changeant en or la couleur jaune des citrons.
Une fois à l'hôtel, nous avons le choix : dîner dans sa salle à manger magnifique, ou bien sortir et, à quelques pas de là, dans les traces d'un personnage célèbre, goûter à l'excellente cuisine du restaurant ***Caruso***.

Grand Hôtel Excelsior Vittoria
Piazza T. Tasso 34 - Sorrento
Tél. + 39 0818071044
Fax +39 0818771206

Bottegamuseo de la Tarsia
(boutique-musée)
Via Fuoro - Sorrento
Visites sur réservation
Tél. +39 0818682177

Restaurant O'Parrucchiano
La Favorita
Corso Italia 71 - Sorrento
Tél. +39 0818781321

Il Pizzo
www.ilpizzo.net
info@ilpizzo.net

Restaurant Caruso
Via S. Antonino 12 - Sorrento
Tél. +39 081873156

4e JOUR - DIMANCHE (PÂQUES)

SANT'AGATA SUI DUE GOLFI

Si jusqu'à présent cet itinéraire n'a pas nécessité de moyens de transport routiers, nous pouvons maintenant songer à louer une voiture, ou bien poursuivre par les transports en commun. Notre destination se trouve à quelques kilomètres de Sorrento : ***Don Alfonso 1890***. Depuis quatre générations, la famille Iaccarino a fait de l'hospitalité et de la restauration

Restaurant Don Alfonso 1890
Corso Sant'Agata 11
Sant'Agata sui due Golfi
Tél. +39 0818780026
Fax +39 0815330226

son métier, qu'elle exerce admirablement au cœur d'un petit village, Sant'Agata. Situé sur un promontoire très verdoyant, entre les golfes de Naples et de Salerne, cet établissement célèbre dans le monde entier dispose également de quelques chambres. L'excellence de la cuisine, la beauté des lieux, la magie de cette terre parfumée, ses produits cultivés avec amour… Tout contribue au merveilleux accueil qui nous est réservé par la famille. Livia et Alfonso, Ernesto et Marco, en professionnels, ont su rester, malgré la renommée et les honneurs, d'une rare simplicité et gentillesse. Profiter de ces délices… Voilà notre programme en ce dimanche de Pâques.

5e JOUR - LUNDI

SANT'AGATA SUI DUE GOLFI

Cette journée aussi sera consacrée à la promenade dans l'exploitation agricole de Livia et Alfonso, *Le Peracciole*, à la dégustation des plats d'Alfonso, inoubliables, et au choix et à l'achat de produits locaux. Nous repartirons de là avec la certitude qu'il est des lieux où existe encore une véritable qualité de vie.

6e JOUR - MARDI

SANT'AGATA SUI DUE GOLFI -NAPLES

Le lendemain matin, après un savoureux petit déjeuner préparé dans la cuisine du célèbre restaurant, nous empruntons la route qui nous ramène vers Naples. La gare ou l'aéroport marqueront la fin de ce superbe voyage.

1er JOUR

NAPLES

Cet itinéraire est consacré non seulement à la fête de San Gennaro, événement unique et spectaculaire, mais aussi à la manifestation « Mai des monuments », qui se déroule à Naples tous les ans, offrant ainsi la possibilité de visites guidées inhabituelles. Avant de partir, il est conseillé de réserver auprès de l'un des organisateurs, **Fine Arts** ou **Parteneaopolis**. En arrivant dans la matinée à Naples, après avoir laissé nos bagages au **Costantinopoli 104**, délicieux hôtel de charme situé dans un ancien palais avec un jardin, en plein centre-ville, nous déjeunons rapidement au café littéraire ***Intra Moenia***, Piazza Bellini, véritable salon à ciel ouvert accueillant artistes et hommes de lettres. Nous consacrons l'après-midi à l'une des visites organisées et, à l'heure du dîner, nous faisons étape ***Al 53***, pas loin de l'hôtel, agréable restaurant sur la Piazza Dante.

Fine Arts
Tél. +39 081291634
Portable +39 3286238668
finearts@yakoo.it

Parteneapolis
Vico S. Maria Avvocata a Foria 8
Naples
Tél. +39 081294426
Portable +39 3284894975

Hôtel Costantinopoli 104
Via Costantinopoli 104 - Naples
Tél. +39 0815571035

Caffè Intra Moenia
Piazza Bellini 70 - Naples
Tél. +39 081290988

Restaurant Al 53
Piazza Dante 53 - Naples
Tél. +39 0815499372

2e JOUR

NAPLES

Aujourd'hui, outre la procession, nous avons encore l'occasion de pouvoir admirer le célèbre trésor de San Gennaro. À l'heure du déjeuner, sans trop s'éloigner du cœur de la manifestation, l'on goûtera avec bonheur aux délicieuses spécialités de ***Di Matteo***. Le soir, l'atmosphère chaleureuse et discrète de la ***Taverna dell'Arte*** et sa cuisine de la vieille tradition parthénopéenne concluront idéalement cette journée intense.

Pizzeria Di Matteo
Via Tribunali 94 - Naples
Tél. +39 08194455262

Restaurant Taverna dell'Arte
Campo S.Giovanni Maggiore 1/a
Naples
Tél. +39 0815527558

3e JOUR

NAPLES - ANACAPRI

Le lendemain matin, toujours à l'occasion de l'une des visites guidées prévues pour ce mois de mai, nous partons à la découverte de l'un des visages les plus secrets de Naples. À l'heure du déjeuner, après avoir quitté l'hôtel, nous nous dirigeons vers le port pour une pause gastronomique au ***Don Salvatore***. Dans l'après-midi, nous prenons l'*hydrofoil* en direction de Capri : le week-end est terminé, l'île retrouve son calme et toute sa beauté. Nous débarquons à Marina Grande et, à peine montés dans le taxi, nous respirons d'emblée un air de vacances. Nous nous dirigeons alors vers Anacapri. Là, lorsque nous aurons franchi la grille d'entrée de l'***Hôtel Caesar Augustus*** où nous avons prévu de dîner et de passer la nuit, l'émerveillement de la journée sera toujours présent.

Restaurant Don Salvatore
Strada Mergellina 4/a - Naples
Tél. +39 081681817

Hôtel Caesar Augustus
Via G. Orlandi 4 - Anacapri
Tél. +39 0818373395
Fax +39 0818371444

4e JOUR

ANACAPRI

Le lendemain matin, de bonne heure, nous empruntons un télésiège qui nous mène au sommet du mont Solaro, où un panorama à 360° embrasse tout le golfe. L'île, étendue à ses pieds, semble plongée dans une féérie de formes et de couleurs. Un miracle de la nature, que la main de l'homme a su enrichir, depuis les temps les plus reculés, de vestiges et d'œuvres merveilleuses. De retour à Anacapri, nous montons dans un petit bus pour rejoindre la grotte Bleue (*Grotta Azzurra*), dont la beauté est célèbre. Une fois sur la terre ferme, nous empruntons l'une de ces barques qui attendent les visiteurs. En remontant le petit escalier adossé au rocher, nous nous retrouvons à quelques pas de la terrasse, simple mais agréable, du restaurant ***Add'O Riccio***, où Gabriele, le roi des spaghetti aux palourdes, nous montrera très fièrement ses poissons frais du matin et ses hors-d'œuvre. Le choix sera difficile : tout a l'air bon et appétissant. Pourquoi ne pas se laisser tenter par ses ravioli ? Pendant que l'on dresse notre table et que Gabriele prépare nos plats, nous pouvons nous relaxer au soleil ou encore prendre un bain. Dans l'après-midi, après une petite pause à l'hôtel, nous faisons une halte obligée au village, que nous rejoignons à pied le long de l'allée ombragée pour flâner au milieu des artisans. Nous avons le choix : des sandales en cuir, fabriqués sur mesure par **Costanzo Ruocco**, de véritables mocassins de Capri chez **Teresa Passanante**, des chaussures en corde et en toile chez **Vincenzo Faiella**, ou bien des nu-pieds de toutes les couleurs chez **Antonio Viva**. Nous pouvons commander des pantalons et des robes chez Nicolino, acheter un maillot de bain ou un châle original chez **Art Tricot**, faire provision du ***limoncello*** le plus exquis directement chez le producteur et acheter les vins locaux du **domaine Tiberio**, tel le Blu di Capri, à la belle bouteille bleue. La dernière visite sera consacrée à la **Bottega dell'Arte** : Sergio Rubino est un artiste qui transcrit, sur le papier et la faïence, toutes les images et les nuances possibles de Capri. Il a également décoré les bancs magnifiques du parvis de Santa Sofia, où nous ferons une petite pause avant d'arriver au restaurant ***La Rondinella***. Là, nous serons choyés par l'équipe familiale et très sympathique de Annamaria, qui saura nous régaler.

Restaurant Add'O Riccio
Grotta Azzurra - Anacapri
Tél. +39 0818371380

Costanzo Ruocco
Via Roma 49 - Capri

Teresa Passanante
Via Capodimonte - Anacapri

Vincenzo Faiella
Via Vittorio Emanuele - Capri

Antonio Viva
Via G. Orlandi - Anacapri

Nicolino
Via G. Orlandi - Anacapri

Art Tricot
Via G. Orlandi - Anacapri

Limoncello di Capri
Via Capodimonte 27
Anacapri

Vinicola Tiberio
Via Trieste e Trento 28
Anacapri

Bottega dell'Arte
Via Catena 24 - Anacapri

Restaurant La Rondinella
Via G. Orlandi 145 - Anacapri
Tél. +39 0818371223

5e JOUR

ANACAPRI

Nous quitterons Capri après avoir loué une barque pour faire le tour de l'île, pris un bain aux Faraglioni et fait escale à Punta Carena, pour déjeuner au beau milieu des récifs, sous les cannisses du **Lido del Faro**. Une fois

Location de barques Whales
Via C. Colombo 17 - Capri
Tél. +39 0818375833/
+39 0818378894

Restaurant Lido del Faro
Punta Carena - Anacapri
Tél. +39 0818371798

rentrés à Anacapri, nous consacrons l'après-midi à une belle promenade dans les environs. Le climat, les fleurs et les parfums de cette période de l'année sont uniques, et nous en profitons pour partir à la découverte de ce coin de paradis. Nous pouvons aller jusqu'au château Barbarossa, en traversant des buissons de genets épineux d'un jaune intense, tacheté de rouge ; ou bien, emprunter le sentier qui mène à la Migliera, à travers la campagne qui descend vers la mer, jusqu'aux rochers de la Marmolata pour admirer le panorama. En fin d'après-midi, une dernière visite rapide aux boutiques élégantes et un apéritif sur la Piazzetta, petite place mythique, seront nos concessions inévitables mais fugaces à la mondanité de l'île, avant de dîner tranquillement dans le décor poétique de l'hôtel.

6e JOUR

ANACAPRI - NAPLES

Notre itinéraire se termine, mais nous pourrions tout aussi bien continuer nos vacances. Anacapri offre encore, à cette période de l'année, l'atmosphère et la tranquillité d'un village, et non d'une villégiature. Plusieurs possibilités pour prolonger notre séjour, pas forcément onéreuses et toujours très agréables : loger chez ***Senaria***, dans une maison typique de l'île, soignée et raffinée, ou bien profiter du charme discret de ***Casa Caprile***, autrefois demeure de la reine de Suède. Dans les deux cas, l'hospitalité est simple et chaleureuse, et l'on retrouve cette douceur qui, avec le temps, semblait avoir disparu et reste à l'écart des assauts touristiques. En *hydrofoil* nous rentrons à Naples. Une fois de plus, à notre grand bonheur, nous avons échappé à la voiture…

Hôtel Senaria
Via Follicara 6
Anacapri
Tél. +39 0818373222

Hôtel Casa Caprile
Via Follicara 9
Anacapri
Tél. +39 0818373948
Fax +39 0818371881

Ischia, l'île secrète aux mille vertus

1er JOUR

NAPLES - ISCHIA - LACCO AMENO

Traghetti Lauro
Molo Beverello
Naples
Tél. +39 0815522838

Alilauro
Molo Beverello
Naples
Tél. +39 0815513236

Hôtel San Montano
Via Montevico
Lacco Ameno
Tél. +39 081994033
Fax +39 081980242

Fin juin, la saison touristique n'a pas encore vraiment commencé. C'est la période idéale pour organiser des vacances à Ischia car vous pourrez assister à grand nombre de manifestations. En arrivant à Naples, nous poursuivons directement vers le port pour embarquer du Molo Beverello : avec une voiture sur les ferry des **lignes Lauro**, sans voiture sur les *hydrofoils* **Alilauro**, les départs ayant lieu toutes les heures. Arrivés à Ischia, nous partons tout de suite pour Lacco Ameno, à l'***hôtel San Montano***, où nous avons prévu de séjourner. L'hôtel, situé sur le promontoire du mont Vico, est pourvu de tout le confort nécessaire à un séjour consacré aux soins du corps et à la beauté. Il a l'avantage de rester à l'écart de l'atmosphère « thermale » qui règne sur l'île. Pasquale et sa délicieuse cuisine nous souhaiteront la bienvenue sur la magnifique terrasse du restaurant.

2e JOUR

LACCO AMENO - BUONOPANE - BARANO

Le lendemain matin, nous partons à la découverte des terrasses ombragées et des fragrances d'herbes aromatiques qui traversent le promontoire. Nous pouvons prendre un bain dans la piscine thermale d'eau tiède, plonger dans une eau minérale froide, nous purifier dans la brûlante petite grotte naturelle, profiter d'un massage, ou simplement nous faire bronzer au soleil. Les vacances commencent, et pour occuper le temps qui nous sépare de la pause gourmande du déjeuner, les propositions sont nombreuses et toutes plus alléchantes les unes que les autres. Dans l'après-midi, par la route qui de Casamicciola mène à Barano, nous rejoignons Buonopane. Là, au coucher du soleil, sur le parvis de l'église de San Giovanni, nous assistons à l'une des fêtes typiques de l'île, la 'Ndrezzata, où dix-huit jeunes danseurs évoluent sur la scène et croisent leurs épées au son des flûtes et des tambours. Revenus à Barano, nous dînons au ***Focolare***, où nous serons conquis par Riccardo d'Ambra, le charme de sa personnalité et celle de sa cuisine. À l'origine de la Confrérie du lapin d'Ischia, il parcourt dès l'aube, avec sa fille Silvia, bois et sentiers à la recherche de champignons, asperges et herbes parfumées ancestrales. Sa cuisine est une cuisine de terroir, savant mélange de saveurs d'autrefois, authentique comme sa passion, généreuse comme son hospitalité.

Restaurant Il Focolare
Via Cretaio al Crocifisso 3
Barano
Tél. + 39 081992944

3e JOUR

LACCO AMENO - FORIO - PANZA - FONTANA - SERRARA FONTANA

Aujourd'hui encore, nous partons à la découverte de l'île. Afin d'éviter les plages bondées du week-end, nous empruntons la route menant de Forio à

Panza pour visiter **Casa d'Ambra**, entreprise viticole où Andrea d'Ambra, outre ses vins prestigieux, a également créé un musée. À partir d'ici, en ayant soin d'avoir réservé à l'avance, il nous fera visiter le vignoble situé sur le point culminant de l'île, le domaine Frassitelli, sur le mont Epomeo. C'est dans le cadre de ce paysage spectaculaire, à l'abri d'une grotte, que nous déjeunerons. Depuis Fontana, nous montons jusqu'à l'ermitage de San Nicola, un ensemble rupestre au milieu des pâturages et des forêts, des vignobles et des agrumes, dans un environnement préservé. Une petite pause, le temps de déguster une glace sur la terrasse panoramique de Serrana Fontana, prolongera notre séjour dans ce monde magique de bergers et de paysans, à l'écart de la foule, avec ses ruelles tranquilles et ombragées. La mer est là, toujours présente, inondant de bleu l'horizon de cette place. Un dîner tranquille à l'hôtel marquera la fin de cette journée.

Casa d'Ambra
Via Mario d'Ambra
Loc. Panza Forio
Tél. +39 081907246

4e JOUR

LACCO AMENO - FORIO

Piscine, soleil, terrasses ombragées, massages et un déjeuner frais et léger seront les compagnons parfaits de ce jour. Reposés et bronzés, nous consacrerons l'après-midi à la visite d'un jardin magnifique, celui de **Mortella**. Là, les merveilles vont *crescendo*, les plantes rares, les fleurs, les ruisseaux et les fontaines, jusqu'au concert qui a lieu tous les samedis et dimanches de juin (et pour lequel il faudra impérativement réserver). Après le concert, c'est le moment idéal pour arriver à Forio, car c'est l'heure où la vue du promontoire et le sanctuaire blanc du Soccorso se teintent de magie. Après une promenade dans les ruelles étroites et animés du bourg le plus pittoresque et authentique de l'île, nous dînons chez ***Umberto a mare***, sur la terrasse romantique qui surplombe les récifs. Il y a deux Umberto : l'un en cuisine, l'autre en salle…

Jardin de Mortella
Via F. Calise 35 - Forio
Tél. +39 081986220

Restaurant Umberto a mare
Via Soccorso 2 - Forio
Tél. +39 081997171

5e JOUR

LACCO AMENO - TOUR DE L'ÎLE D'ISCHIA

Le moment est venu de voir Ischia depuis la mer et, après avoir loué un petit bateau à **Lacco Ameno**, nous commençons le tour de l'île accompagnés par Domenico. Après avoir longé la baie de San Montano et dépassé la pointe du Soccorso, nous apercevons Forio. Puis ce sont les vastes plages de Cava et Citara. Nous approchons de Punta Sant'Angelo pour entrer dans la crique des fumerolles, prendre un bain dans les eaux chaudes de la plage des Maronti, et plonger à nouveau dans celles de la crique de Sorgeto. Nous poursuivons jusqu'à la pointe San Pancrazio pour nous diriger vers le restaurant ***La Pace***, mieux connu sous l'appellation de Scarrupata, du nom de cette crique. Simple et authentique, avec ses tables posées presque sur l'eau, sous des tonnelles ombragées, il propose du poisson frais, pêché le jour même, et la

Domenico
Location de barques et bateaux
Lacco Ameno
Portable +39 3392191187

Restaurant La Pace
(La Scarrupata)
Via Chiummano
Scarrupata
Tél. +39 081905345

qualité rejoint la gentillesse des propriétaires. Après le déjeuner, le tour de l'île continue le long d'une côte ponctuée de petites criques sablonneuses et luxuriantes de plantes fleuries et de vignes. La grotte du Mago et la pointe du Lume défilent devant nous, jusqu'à la baie de Cartaromana avec la silhouette majestueuse du Castello Aragonese (château des Aragonais). Enfin, après Ischia Porto et Casamicciola, nous arrivons à Lacco Ameno et rentrons à l'hôtel pour un repos et un dîner bien mérités.

6ᵉ JOUR

LACCO AMENO - THERMES DE CASAMICCIOLA - ISCHIA PONTE - ISCHIA PORTO

Aujourd'hui, nous consacrons la matinée aux boutiques et aux artisans. Nous commençons par les bijoux en corail de **De Simone**, sur la petite place Santa Restituta, ancien site archéologique de Lacco Ameno. Nous passons ensuite à la lingerie élégante et aux dentelles précieuses de **De Vivo**, et terminons la promenade dans le beau magasin de madame Giuseppina, marchande de fruits depuis toujours.

À Casamicciola, nous admirerons les terres-cuites et les faïences que la dynastie des **Mennella** fabrique, depuis des siècles, dans un laboratoire installé à l'intérieur d'une ancienne petite forteresse à pic sur la mer. Nous arrivons jusqu'à Ischia Ponte pour visiter le **château** et reprendre tout de suite après notre balade gourmande à Ischia Porto : les gâteaux du ***bar Calise***, le *limoncello*, les digestifs et les confitures de chez ***Ischia Sapori***. Nous déjeunons sur le pouce chez ***Pan'e vino***, une *trattoria* simple et authentique à côté du port, et rentrons à Lacco Ameno pour profiter de la tranquillité de l'hôtel pendant tout l'après-midi, jusqu'au moment du dîner.

De Simone
Place Santa Restituta
Lacco Ameno

De Vivo
Via Roma 42/44 - Lacco Ameno

Faïences Mennella
Via S. Girardi 47
Casamicciola Terme

Château
Ischia Ponte

Bar Calise
Via Sogliuzzo 69 - Ischia Porto

Ischia Sapori
Via Granturco 2 - Ischia Porto

Trattoria Pan'e vino
Via Porto 24 - Ischia Porto
Tél. +39 081991046

7ᵉ JOUR

LACCO AMENO - SANT'ANGELO - JARDINS DE POSÉIDON

C'est le dernier jour de notre itinéraire, et nous ne pouvons repartir sans avoir vu Sant'Angelo avec ses ruelles et son petit port parsemé de boutiques et de bars animés. De même, nous devons passer quelques heures dans le beau parc des jardins de Poséidon où, pour le déjeuner, nous pourrons nous attabler dans l'un des nombreux bars ou restaurants. L'après-midi s'écoulera dans la douce oisiveté que nous offre l'hôtel. Quant au dîner, exquis, préparé par Pasquale, il sera servi sur la terrasse suspendue dans la nuit. Nous emporterons avec nous ces doux souvenirs de cette dernière soirée de vacances.

8ᵉ JOUR

LACCO AMENO - ISCHIA PORTO - NAPLES

Le lendemain matin, depuis Ischia Porto nous embarquons pour Naples et nous rentrons.

1er JOUR - 1er JUILLET

NAPLES - POSITANO

Ce voyage commence à une date fixée à l'avance et qui nous permettra d'assister à la célébration d'une cérémonie traditionnelle. Encore une fois, il est conseillé de ne pas se déplacer en voiture, mais plutôt par les transports en commun.
Arrivés donc à Naples, nous embarquons du Molo Beverello, le port, avec la compagnie **Metrò del Mare**, qui dessert Positano en bateau trois fois par jour, avant 14h15.
À Positano, nous avons le choix entre deux solutions d'hébergement, toutes deux de charme et permettant de profiter pleinement de la vie napoilitaine : l'***hôtel Palazzo Murat***, établissement historique, ou bien le petit hôtel **La Fenice**, situé au bord de la mer, certes plus économique mais tout aussi ravissant. Nous laissons les bagages à l'hôtel et consacrons l'après-midi à la mer et au soleil. Le soir, nous nous promenons dans les délicieuses petites ruelles de Positano, jusqu'à la plage, pour commencer sur la terrasse du ***Cambusa*** l'agréable parcours gastronomique de ce séjour.

Metrò del Mare
Navettes rapides Naples-Positano
Tél. +39 199446644
www.metrodelmare.com

Hôtel Palazzo Murat
Via dei Mulini 2 - Positano
Tél.+39 089875177
Fax +39 089811419

Pension La Fenice
Via G. Marconi 4 - Positano
Tél. +39 089875513
Fax +39 089811309

Restaurant La Cambusa
Piazza Amerigo Vespucci 4
Positano
Tél. +39 089875432

2e JOUR - 2 JUILLET

POSITANO - NOCELLE - MONTEPERTUSO

Encore du soleil et de la mer… En fin de matinée, après avoir réservé une table à la ***trattoria Santa Croce***, à Nocelle, pour le déjeuner, et une autre au restaurant ***Il Ritrovo***, via Montepertuso, pour le dîner, nous nous rendons directement à Nocelle en taxi. Montepertuso, qui prend son nom du grand trou qui s'ouvre dans la montagne toute proche, fête la Vierge depuis la veille. La procession a déjà parcouru les rues du village et célèbrera ce soir la légende du défi que le Diable lança à la Vierge, de transpercer la montagne. Nous sommes dans le haut de Positano et deux mille gradins nous séparent de la mer. En dessous, Positano se dresse, verticale, image inversée avec la mer et les îles derrière. Aujourd'hui, ce sont des saveurs de montagne que nous prépare Patrizia. Ses enfants nous les servent avec gentillesse, accompagnées du vin frais et agréable de la maison. Et que dire encore de sa tarte aux fruits maison, sa délicieuse *crostata* ? L'après-midi, nous visitons Nocelle et empruntons les sentiers de montagne dans un scénario inhabituel. À pied, nous rejoignons Montepertuso, où la fanfare et la procession ont repris leur défilé et où, de bonne heure, nous dînons chez Teresa et Salvatore.

Trattoria Santa Croce
Via Nocelle 19 - Nocelle
Tél. +39 089811260

Restaurant Il Ritrovo
Via Montepertuso 77
Positano
Tél. +39 089812005
Fax +39 089875453

À partir de 23 heures, à côté du trou percé dans la montagne se déroule un spectacle étonnant marquant la fin de la cérémonie. Encore une fois, sacré et profane se mêlent dans cette lutte légendaire, mimée, et s'achevant par un immense feu d'artifice. Après le bouquet final, l'image victorieuse de la Vierge surgit du trou.

3e JOUR - 3 JUILLET

POSITANO - LI GALLI - LA GROTTE EMERAUDE - FURORE - POSITANO

Lucibello
Location de barques
Via Brigantino 9 - Positano
Tél. +39 089875032

Hosteria di Bacco
Via Lama 9 - Furore
Tél. +39 089830360
Fax +39 089830352

Profumi di Positano
Via C. Colombo 175 - Positano
www.profumidipositano.it

Hôtel San Pietro
Via Laurito 2 - Positano
Tél. +39 089875455
Fax +39 089811449

Trattoria Da Vincenzo
Via Pasitea 172 - Positano
Tél. +39 089875128

Sur la plage, une table, un fauteuil et un parasol constituent le bureau de **Lucibello**, qui loue tout type d'embarcation. Cette journée sera consacrée à la découverte, depuis la mer, de la beauté de cette côte et commencera par un bain au large de Li Galli. Ensuite, direction la grotte Emeraude, qui est un peu la petite sœur de la grotte Bleue de Capri. Après la visite, en revenant vers Positano, nous entrons dans le petit fjord de Furore, fameux pour ses maisons colorées et les personnages célèbres qui y ont séjourné. Nous nous arrêtons à l'***Hosteria di Bacco*** et, en souvenir de Anna Magnani qui vécut ici son histoire d'amour avec Rossellini, nous mangeons les *Ferrazzuoli de Nannarella* en buvant un verre de Furore blanc, frais, qui les accompagne à merveille.
Nous rentrons à l'hôtel pour une petite sieste et consacrons le reste de la journée aux achats, parcourant avec bonheur les boutiques.
Profumi di Positano est un peu éloigné du centre, mais sa collection de fragrances naturelles vaut le déplacement. Ce soir, nous choisirons entre le restaurant de l'**hôtel *San Pietro***, pour dîner dans l'un des plus beaux décors de la côte, ou bien la ***trattoria Da Vincenzo***, dans un cadre plus simple, où nous pourrons déguster allègrement les *panzarotti* de Giosuè.

4e JOUR - 4 JUILLET

POSITANO - AMALFI - RAVELLO - POSITANO

Positano Car Service
Via C. Colombo 2 - Positano
Tél. +39 089875541
Fax +39 089875867

Ravello Concert Society
Ravello
Tél. +39 089858149
Fax +39 089858249

Aujourd'hui, c'est jour de repos, de plage et de soleil et, pour déjeuner, nous nous contenterons d'un simple en-cas sur la petite place. On pensera à louer un **moyen de transport** et réserver des places pour le **concert** du soir, à la Villa Rufolo, à Ravello. Départ dans l'après-midi et, arrivés à Amalfi, le temps d'une courte pause, visite du Duomo, son monument le plus important, avant de reprendre la route pour Ravello. Celle-ci n'est qu'une succession de tournants et, à chaque virage surgit un nouveau paysage : soudain un petit carré de vignes au milieu des rochers, là un jardin de citronniers, tandis que la mer se dessine derrière les toits blancs

et les coupoles colorées. Les visites de la Villa Cimbrone et de la Villa Rufolo sont un réel plaisir pour les yeux et le silence se fait éloquent…
Et l'enchantement continue dans l'atmosphère arabo-orientale de l'***hôtel Palumbo*** où nous avons réservé pour le dîner une table dans son jardin-terrasse fleuri. Il se poursuivra lors de notre promenade dans les ruelles étroites et propres de Ravello, pendant le concert, et jusqu'à Positano pour s'évanouir le lendemain, au moment du départ.

Restaurant Hôtel Palumbo
Via S.Giovanni del Toro 16
Ravello
Tél. +39 089857244

5e JOUR - 5 JUILLET

POSITANO - NAPLES

Le lendemain matin, l'*hydrofoil* de 10h15 de la compagnie Metrò del Mare nous ramène à Naples et nous éloigne de ces lieux en douceur. D'Amalfi à Sorrento se déroule une côte magnifique qui nous accompagnera tout le long du trajet, jusqu'au port de Naples.

Ravello, de résidences en villas légendaires

1er JOUR - JEUDI

NAPLES - AMALFI

Pour ce séjour estival, nous pouvons choisir la date et le jour du départ. Il est préférable cependant de partir un jeudi afin d'éviter d'arriver avec la foule, en fin de semaine. Encore une fois, il est conseillé d'emprunter les transports publics pour le transfert de Naples à Amalfi, en ayant recours à la solution classique d'un taxi ou d'un autobus. Mais la solution la plus agréable consiste sûrement à réserver un moyen de transport par la mer, auprès de **Claudio Lucibello**, qui nous permettra d'arriver directement aux abords de l'hôtel où nous avons réservé nos chambres. Là, nous pourrons choisir entre l'hospitalité d'un cinq-étoiles tel que l'hôtel ***Santa Caterina***, ou bien l'accueil dans un petit appartement de la ***Villa Scarpariello***. Situés dans la plus belle partie de la côte amalfitaine, ils possèdent tous deux le charme des résidences d'époque, accrochés à la falaise à pic sur la mer et noyés dans la couleur verte des plantations d'agrumes et des jardins. Avec leurs piscines d'eau de mer et leurs quais privés, ce sont deux destinations privilégiées pour les vacances et la relaxation.

Claudio Lucibello
Bateaux pour les transferts
Naples-Amalfi
Tél. +39 3397028395 / +39 3334527067

Hôtel Santa Caterina, SS.
Amalfitana 9 - Amalfi
Tél. +39 089871012 /
Fax +39 089 871387

Villa Scarpariello, SS.
Amalfitana 163 - Amalfi
Tél./Fax +39 089872373

2e - 3e - 4e JOURS

AMALFI

En fin de semaine, il vaut mieux éviter les visites et les déplacements, rester tranquille à l'hôtel et s'adonner au farniente, profiter du soleil et de la délicieuse cuisine d'Antonio, sur la terrasse ombragée qui surplombe la mer. Le soir, plaisir et détente assurés, bercés par les notes du piano-bar, face au panorama nocturne d'Amalfi.

5e - 6e - 7e JOURS

AMALFI - FURORE - RAVELLO - AMALFI - MINORI - CETARA - VIETRI

Ces journées passées à l'hôtel nous auront permis de choisir parmi les manifestations estivales et les visites, et de faire les réservations nécessaires. Il est impératif de consacrer une après-midi à Ravello, de visiter la **Villa Cimbrone**, le Duomo et les **jardins de Villa Rufolo**. Nous en profiterons pour flâner d'un magasin à l'autre et découvrir les camées et les pièces uniques, précieuses, de **Camo**, les antiquités de **Bric à Brac**, le délicieux *Selva delle Monache* du **domaine Sammarco**, le *limoncello* de **I Giardini di Ravello** et les savoureux fromages typiques de Staiano. Nous dînerons

Villa Cimbrone
Via S. Chiara 26 - Ravello
Ouvert tlj. 9h-20h

Jardins de Villa Rufolo
Piazza del Duomo - Ravello
Ouverture tlj. 9h jusqu'au coucher du soleil

Camo Gioielli (bijoux)
Piazza Duomo - Ravello

Bric à Brac
Piazza Duomo - Ravello

Ettore Sammarco (vins)
Via Civita 9 - Ravello

I Giardini di Ravello
Via Civita 14 - Ravello

sur la magnifique terrasse panoramique du restaurant ***Villa Maria***, et terminerons la journée avec un concert romantique à la **Villa Rufolo**. Nous consacrerons aussi une après-midi à une promenade en mer, sur une des petites barques de pêcheurs de **Raffaele**, ou bien à l'une des excursions organisées par la **coopérative Sant'Andrea** pour visiter la grotte Émeraude (Grotta Smeralda), Furore, ainsi que des criques éloignées. Enfin, une journée sera vouée à la terre ferme, à la découverte des villages pittoresques de la côte qui se succèdent d'Amalfi à Vietri.

L'occasion de faire une halte à Amalfi, au ***Caffè Andrea Pansa***, juste à côté du bel escalier du Duomo, de jeter un coup d'œil chez le **Cuoiaio**, l'artisan du cuir, pour admirer les sandales à la mode, de déguster un délicieux gâteau au citron à la **Cooperativa amalfitana**, et de finir par une visite au **maître d'Amalfi**.

Sur la route, nous aurons encore le temps de visiter la **Villa Romana de Minori**, et de goûter aux spécialités de l'épicerie d'***Auria*** et de la pâtisserie ***De Riso***. Les sardines en saumure de Cetara, ou à l'huile de **Battista Delfino**, les étonnants spaghetti du **San Pietro**, assaisonnés avec le jus des sardines sont quelques-unes des délicieuses spécialités de la région. Dans l'après-midi, nous ferons un tour dans l'immense fabrique ancienne de **Solimene**, et nous nous perdrons au milieu de ces faïences célèbres et traditionnelles qui partout, à Vietri, colorent les murs et les vitrines. Encore une fois, l'hôtel sera notre refuge, bien mérité après cette longue promenade.

8e JOUR

AMALFI - NAPLES

Par le moyen de transport choisi – mer ou terre ferme –, nous rentrons à Naples. Cet itinéraire de huit jours pourrait aisément se transformer en un séjour de quinze jours tant il y a de choses à voir dans cette région.

Restaurant de l'hôtel Villa Maria
Via S. Chiara 2 - Ravello
Tél. +39 089857255

Villa Rufolo (concerts)
Piazza del Duomo - Ravello
Tél. +39 089858149
Fax +39 089858249

Raffaele « a'ianara »
Location de barques, *Amalfi*
Tél. +39 089872147
+39 330793108

Cooperativa Sant'Andrea srl
Via Lungomare dei Cavalieri 1
Amalfi
Tél./Fax +39 089873190

Caffè Andrea Pansa
Piazza del Duomo - Amalfi

Cuoiaio
Via del Giudice - Amalfi

Cooperativa amalfitana
Via Salita Chiarito - Amalfi

Francesco Mangeri
Maître d'Amalfi
Piazzetta C. Console - Amalfi

Villa Romana de Minori
Via Santa Lucia - Minori
Ouverture tlj. 9h jusqu'au coucher du soleil

Salumeria d'Auria (épicerie)
Via Amato - Minori

Pâtisserie De Riso
Piazza Cantilena 20 - Minori

Battista Delfino
Via Umberto - Cetara

Restaurant San Pietro
Piazzetta S. Francesco 2 - Cetara
Tél. +39 089261091

Solimene (faïences)
Via Madonna degli Angeli 2
Vietri

Fastes princiers et culte de la vigne

1er JOUR - 2e MERCREDI DU MOIS

NAPLES - CASERTE - CASERTE L'ANCIENNE

La date de départ pour cet itinéraire doit être fixée à l'avance, si l'on désire assister aux manifestations qui se déroulent tous les ans à cette période. En arrivant à Naples, dans la matinée, nous regagnons Caserte, où nous logeons dans le petit **hôtel *Amadeus***, situé en centre-ville, dans un vieil immeuble du xviiie siècle. La manifestation de **Septembre au Bourg** propose un programme de pièces de théâtre, de ballets, de prose et de musique qui se déroule dans le bourg de Caserte l'ancienne et à San Leucio. Nous nous rendons tout de suite dans la vieille ville qui accueille ces différents spectacles dans ses plus beaux endroits. Pendant quelques heures, nous voyageons en plein Moyen Âge, au milieu de ses ruelles, de ses tours et des couleurs qui restituent, intact, le charme de l'Histoire. Nous dînons au **restaurant *La Castellana*** avant de rentrer à Caserte, une fois les programmes de la soirée terminés.

Hôtel Amadeus
Via Verdi 72 - Caserta
Tél. +39 0823352663
Fax +39 0823329195

Settembre al Borgo
(Septembre au Bourg)
Tél. +39 0823322233

Ristorante La Castellana
Via Torre 4 - Caserta Vecchia
Tél. +39 0823371230

2e JOUR

CASERTE - SAN LEUCIO - CASERTE

Nous consacrerons toute la matinée, mais aussi les premières heures de l'après-midi, au **Palais Royal** de Caserte. La visite des jardins se fera en calèche. Nous finirons la journée à San Leucio, petit village créé par Ferdinand IV, berceau de la fabrication artisanale des soies précieuses, initiative extraordinaire, mais utopique du xviiie siècle napolitain. D'autres manifestations nous attendent, ainsi qu'une superbe cuisine du terroir à l'**Antica Locanda**, qui achèvera en beauté cette deuxième journée.

Palais Royal de Caserte
Jardin ouvert tlj. sauf lundi
8h30 -18h30
Palais ouvert tlj. sauf lundi
8h30 -18h30
Tél. +39 0823277380
+39 0823448044

Ristorante Antica Locanda
Piazza della Seta - S.Leucio
Tél. +39 0823305444

3e JOUR

CASERTE - SANTA MARIA CAPUA VETERE - CAPUA - PIETRAVAIRANO

Nous quittons l'hôtel de Caserte pour Capua, ville riche de témoignages historiques et de monuments qui accueille aussi le **Museo Campano**, l'un des musées les plus importants du Sud de l'Italie. Là se trouve exposée, dans la Salle des mères en tuf, une collection unique et singulière de petites statuettes très anciennes de femmes assises, un enfant dans les bras. Non loin de là, une visite à la **basilique de Sant'Angelo in Formis** s'impose. Avec son vaste cycle de fresques intègres, elle est dans la région l'un des vestiges les plus importants du Moyen Age. Santa Maria di Capua Vetere nous attire pour visiter les fouilles de la Capua antique, avec son grand

Museo Campano
(Musée de la Campanie)
Via Roma
Tél. +39 0823961402
Ouvert tlj. sauf lundi, 9h-13h30

Basilique S. Angelo in Formis
Tél. +39 0823960064
Ouvert tlj. 10h-16h

amphithéâtre qui remonte au Ier siècle avant Jésus-Christ, le plus grandiose après le Colisée de Rome. Petite pause gastronomique au **restaurant *Il Ninfeo***, avant de reprendre l'autoroute en direction de Rome, pour sortir à Caianello. Nous suivons les indications pour Pietravairano, où ***La Caveja*** nous attend pour le dîner et la nuit... Ce soir, nous goûterons à la véritable cuisine traditionnelle paysanne de la région. Ricottas, viandes, légumes, huile d'olive, vin... Des produits magnifiques issus de l'entreprise agricole du propriétaire. Avec les soupes et les potages, ils font le bonheur des clients de ce petit local aménagé dans l'étable d'une ancienne ferme.

Ristorante Il Ninfeo
Traversa Cappabianca - S.Maria Capua Vetere
Tél. +39 0823846700

La Caveja
Via Sant'Annunziata 10
Pietravairano
Tél. +39 0823984824
Fax +39 0823982977

4e JOUR

PIETRAVAIRANO - MELIZZANO - BENEVENTO - MELIZZANO

Nous laissons *La Caveja*, pour nous rendre au-delà de la colline, jusqu'à Vairano Patenora, petit village au pied d'un ancien château où se tient un marché hebdomadaire. Nous découvrons là un nouveau visage de la Campanie. La mer, la côte, les îles et Naples ont complètement disparu, laissant place en quelques kilomètres à peine à un monde où les gens et la nature semblent appartenir encore au passé. Nous continuons notre voyage par la route 372 en direction de Benevento et, une fois à Telesia, nous quittons la route pour Amoroso, jusqu'à Melizzano. Une vieille ferme restaurée nous attend, ***Il Mesogheo***, un lieu où le goût, la chaleur et l'accueil de Lucia et Fabrizio rendront notre séjour inoubliable. Nous consacrons l'après-midi à la visite de Benevento : de l'ancienne église de Santa Sofia nous passons au monastère attenant qui accueille un cloître magnifique et le **musée du Sannio**, au riche patrimoine historique et archéologique qui nous raconte l'histoire de Maloenton l'antique. À quelques pas de là, l'**Hortus Conclusus**, véritable musée en plein air situé dans le jardin d'un ancien couvent, nous contera l'histoire d'un artiste contemporain. Halte obligée au ***Coloniali Paradiso*** pour les achats de nougats et de liqueur *Strega*, symboles aujourd'hui de cette ville qui les honore avec un célèbre prix littéraire. Comme Caserte, Benevento se transforme en **ville-spectacle** avec des manifestations qui se déroulent dans les monuments, les rues et les théâtres. Une représentation au **Teatro Romano** clôturera l'excellent dîner au **restaurant *Pina e Gino***.

Il Mesogheo B&B Inn
Contrada Valle Corrado 2
Melizzano (Benevento)
Tél. +39 0824944356
Fax +39 0824944130

Museo del Sannio
(Musée du Sannio)
Piazza Santa Sofia - Benevento
Tél. +39 082421818

Hortus Conclusus
Piazza Guerrazzi - Benevento
Tél. +39 0824319938
Ouvert tlj. 8h30-13h00 et 15h30-19h30 ;
dim et jours de fête 9h-13h00.

Coloniali Paradiso
Via Mellusi 88 - Benevento

Ville-spectacle
(Città Spettacolo)
Renseignements :
Tél. +39 0824772337

Ristorante Pina e Gino
Via Cassella 48
Tél. +39 082424947

5e JOUR

MELIZZANO - SOLOPACA - MELIZZANO

Avec les déplacements de la veille dans la campagne environnante, nous avons pu nous faire une idée de cette partie de la Campanie. La fertilité de sa terre, l'abondance de ses productions dans lesquelles le vin a toujours été à l'honneur, lui ont valu le surnom de *Campania felix* par les Romains. Les collines qui nous entourent sont d'immenses tapis verts recouverts de vignes qui, depuis des siècles, donnent des vins exceptionnels, chantés par Caton, Pline et Horace comme un nectar qui surgit de la terre des sorcières, avec son arôme fumé si délicat, et son goût intense de résine. Solopaca, l'AOC la plus ancienne de la province de Benevento, célèbre aujourd'hui avec la **Fête du raisin** sa relation ancestrale à la vigne. C'est une de ces nombreuses fêtes populaires qui animent la région de Campanie et qui, à la manière de la Fête du blé à Foglianise, représente encore un rite de remerciement pour l'abondance de la récolte. Au cours de cette cérémonie, le mythe et l'histoire rencontrent le présent et se transforment en art et en théâtre. Nous arrivons à Solopaca tôt dans la matinée, car les célébrations commencent dès 9h30. En pleines vendanges, des millions de grains de raisin ont été transportés des vignobles vers les laboratoires. Les habitants de la ville préparent les chars du défilé avec des supports et des sujets évoquant des monuments célèbres, des pièces de théâtre ou des épisodes historiques, et qui changent tous les ans. Les grains de raisin remplacent le marbre et la pierre pour devenir sculpture ou pinceau, et dessiner, avec leurs couleurs, les paysages et les objets, se transformer en vêtements colorés et habiller tous les personnages du défilé.

Comité pour la Fête du raisin
(Ente Festa dell'Uva)
Tél. +39 0824971225

Le cortège historique des chars traverse tout le village. Spectacles et dégustations se poursuivent tout le long de la journée, et nous ne manquerons pas de visiter la **Cave de la coopérative sociale** pour y acheter des vins et des alcools distillés aux étiquettes prestigieuses. Cependant, l'un de nous devra « se sacrifier » pour pouvoir nous ramener sains et saufs au *Mesogheo*, où nous goûterons à une cuisine délicieuse, dans une ambiance chaleureuse et agréable.

Cave de la coopérative sociale
(Cantina Sociale)
Contrada Vigna Vecchia
Via Babiana 44 - Solopaca
Tél. +39 0824977921

6e JOUR

MELIZZANO - NAPLES

Après avoir dit au revoir à Lucia, à Fabrizio et à leur ferme si accueillante, nous profitons encore un peu de ces paysages sur la route qui mène jusqu'à Maddaloni, avant de reprendre l'autoroute pour Naples à Caserte Sud, et retourner dans notre monde quotidien, moins insolite.

1er JOUR - VENDREDI

NAPLES - SANT'AGATA DEI GOTI

En octobre, en Campanie, le vin est à l'honneur, avec les champignons et bien d'autres produits. C'est une période magique pour découvrir cette terre encore secrète qui, depuis toujours, se laisse dominer par d'autres lieux, bien plus connus, qui l'entourent. Dans cet itinéraire encore Naples ne constituera qu'un point de départ et d'arrivée. A Naples, nous empruntons tout de suite l'autoroute, que nous quittons juste avant d'arriver à Caserte pour prendre la S.S. 7 en direction de Benevento, jusqu'à un carrefour indiquant la direction de Sant'Agata dei Goti. Et voici qu'au bord d'un fleuve apparaît un noyau compact de maisons et de clochers qui semblent accrochés à un éperon en tuf long et haut. L'image qui se présente à première vue est rustique et austère… Aussi, grande est notre surprise lorsque nous pénétrons dans le centre historique. Soudain, derrière cette première image, nous découvrons une délicieuse petite ville, avec ses rues bordées de portiques élégants, ses églises du XVIIIe siècle aux superbes façades et ses portails Renaissance. Un vieux palais donne sur une petite place : c'est ***Arcadia***, la maison d'hôtes où nous passerons la nuit. Nous nous arrêtons devant une porte ancienne : une cour ravissante, des murs décorés, et notre plaisir se poursuit dans les chambres, devant l'étendue des toits, infinie et harmonieuse. Marilli Mustilli, cuisinière de talent et maîtresse de maison parfaite, nous donne le sentiment d'être des amis plus que des hôtes, et en vrais amis elle nous accueille dans le salon de famille. Après le dîner, nous allons prendre un café dans l'une des paisibles petites places du bourg et, après avoir flâné dans ses ruelles pittoresques et ses rues silencieuses, nous rentrons.

Arcadia
Maison d'hôtes Mustilli
Sant'Agata di Goti
Tél. +39 0823717433
Fax +39 0823 717619

2e JOUR

SANT'AGATA DEI GOTI - TELESE - FAICCHIO - S. LORENZELLO - CERRETO SANNITA - CUSANO MUTRI - SANT'AGATA DEI GOTI

Le matin, réveillés par le doux parfum de la tarte maison qui nous chatouille les narines, et accompagnés par Mme Marilli, nous visitons la cave où, depuis toujours, la **famille Mustilli** produit ses vins prestigieux. Tout de suite après, nous empruntons la route en direction de Telese, jolie petite ville devenue centre thermal depuis qu'un tremblement de terre a détruit son ancien bourg, faisant jaillir une source d'eaux bénéfiques et curatives.

Entreprise agricole Mustilli
Via dei Fiori 20
Sant'Agata dei Goti
Tél. +39 0823717433

Cet itinéraire traverse des paysages inhabituels : l'ancien Sannium, où chaque bourg a gardé intact son charme d'antan ; Faicchio, avec son palais ducal et son bourg historique ; San Lorenzello et son musée des faïences, où nous faisons la connaissance de Guido Barbieri, artisan céramiste ; Cerreto Sannita, avec ses faïences, son bourg typique du XVIIIe siècle, sa cathédrale avec son magnifique escalier et sa rue principale ennoblie par des immeubles baroques. Pause-déjeuner : charcuteries, fromages et champignons, accompagnés d'un vin maison authentique servi par Antoine dans la simplicité de ***La Vecchia Quercia***. Après le déjeuner, nous poursuivons notre itinéraire. Si par chance ce voyage se déroulait en début de mois, nous pourrions assister à Cusano Mutri à la Sagra dei Funghi (la fête des Champignons), où les étalages proposant cèpes et produits typiques de la région envahissent la rue. Si la Sagra était finie, il resterait toujours le grand bonheur de visiter son bourg médiéval, le palais des Santagata, son église de l'an 1000, les Saints-Apôtres et le décor de ses châtaigniers.

Restaurant La Vecchia Quercia
Via Cerquelle 24
Cerreto Sannita
Tél. +39 0824861263

Sur le chemin du retour, nous empruntons la route qui, depuis Cerreto Sannita descend directement à Telese. Partant de là, nous retournons à Sant'Agata dei Goti. Nous avons prévu de dîner à l'***osteria de Zi' Paoluccio***, proposant une cuisine simple, où les produits locaux se déclinent avec génie. À la fin du repas, nous pourrons déguster, non pas le *limoncello* traditionnel, mais un élixir d'*Annurca*, la fameuse petite pomme, gloire de cette terre. Petite halte à la boutique gastronomique pour emporter ces saveurs, précieusement préservées dans des petits pots. Pour terminer cette journée, une délicieuse glace chez ***Normanno***, sous les lumières diffuses et enveloppés dans une atmosphère d'un autre temps.

Osteria de Zi' Paoluccio
Via Roma - Sant'Agata dei Goti
Tél. +39 0823718010

Normanno
Via Roma 65
Sant'Agata dei Goti
Tél. +39 0823953042

3e JOUR

SANT'AGATA DEI GOTI

Dès le matin, nous quittons ce coin de la province de Benevento pour nous diriger dans celle de Avellino, autre écrin abritant des vins prestigieux et des trésors encore intacts. L'Irpinia est une terre riche d'histoire, théâtre d'invasions et de désastres naturels. Malgré les catastrophes, son peuple, orgueilleux et tenace, a réussi à perpétuer son artisanat, à récupérer ses bourgs, ses châteaux, ses œuvres d'art, à conserver sa culture gastronomique et œnologique, à défendre son folklore et sa profonde religiosité. Au cours de ce voyage nous ne ferons qu'une approche de cette terre, qui mériterait d'être approfondie. Nous visiterons l'un de ses châteaux, pousserons la porte de l'une de ses nombreuses caves, goûterons à ses charcuteries typiques, à l'un de ses vins prestigieux, profiterons de ses panoramas et de ses paysages étonnants et, pour finir, nous dormirons dans l'une de ses anciennes chartreuses. Notre première étape sera San Martino Valle Caudina, pour un aperçu de son château médiéval, **Pignatelli della Leonessa**, restauré et habité encore aujourd'hui par Alfonso Pignatelli. Certaines parties du château peuvent devenir l'occasion d'un séjour exceptionnel, pour tous ceux qui voudraient mieux connaître ces lieux.

Château Pignatelli della Leonessa
Via Castello 6
S.Martino Valle Caudina
Tél. +39 0823841219

Nous partons en empruntant la SS 371 et arrivons à Taurasi, capitale idéologique du vin. Du haut de sa colline, elle surplombe le fleuve Calore et met à notre portée, outre son vin mythique, un bourg ancien magnifique et un parcours des palais des XVIIe et XVIIIe siècles, exhibant des portails en pierre très artistiques. Aux **caves Caggiano**, Antonio accueille le public tous les jours, même le dimanche. Et c'est avec une grande fierté qu'il nous les fait visiter, et avec un immense plaisir qu'il nous offre son vin et ses spécialités.

Caves Caggiano
Via Contrada Sala - Taurasi (AV)
Tél. +39 082774723
Fax + 39 0827 74043

Nous empruntons la nationale Avellino-Napoli, sortons à Nola et rejoignons, à Lauro, l'***hôtel Chartreuse de Saint-Jacques***. Une allée bordée de pins maritimes, une façade ravissante, et voici que l'Irpinia semble s'éloigner. Mais l'élégante transformation en hôtel n'a pas effacé la magie de l'ancien monastère, et le raffinement de la cuisine ne cache pas les origines de ses plats traditionnels. Demain, lorsque nous quitterons ces lieux, le charme de cette dernière étape se mêlera au souvenir des paysages verdoyants, des vignobles infinis, des bourgs silencieux et des pierres polies par le temps.

Hôtel Chartreuse de Saint-Jacques
Via Nazionale 1 - Lauro
Tél. +39 0818240932
Fax +39 0818249743

4e JOUR

LAURO - NOLA - NAPLES

Le matin, après un massage relaxant, un petit déjeuner pris dans le cloître et une visite rapide à la petite église annexe, nous pourrons nous rendre au point de vente de l'hôtel, et repartir avec des produits typiques dans nos valises. Une fois quitté l'hôtel, nous retournons à Nola et rentrons par l'autoroute qui nous ramène à Naples.

Antres et solfatares de la Naples antique

1er JOUR - VENDREDI

Hôtel San Francesco al Monte
Corso Vittorio Emanuele 328
Naples
Tél. +39 081 4239111
Fax +39 0812512485

Château Sant'Elmo
Largo San Martino - Naples
Tél. +39 081 5784030

Chartreuse de San Martino
Largo SanMartino 5 - Naples
Tél. +39 081 5781769

Restaurant Rosiello
Via Santo Strato 10 - Posillipo
Tél. +39 081 7691288

NAPLES

Arrivée en début d'après-midi. Après avoir déposé nos bagages à l'**hôtel *San Francesco al Monte***, ancien couvent restructuré et transformé en hôtel de charme dominant toute la ville, nous partons à la découverte de l'une des nombreuses merveilles napolitaines. D'abord le **château Sant'Elmo**, puis la **chartreuse de San Martino**. À Naples, le choix des musées est vaste, mais San Martino mérite certainement une place à part, avec ses tableaux fascinants de l'école de Posillipo, les souvenirs des rois Bourbons (barques, carrosses, objets de décoration) et la grande crèche scénographique. Pour bien profiter du panorama, nous terminons la soirée par un dîner sur la terrasse de ***Rosiello***. Ce passage fugace s'achèvera avec le spectacle nocturne du golfe de Naples, laissant un souvenir impérissable, comme au travers d'une carte postale animée.

2e JOUR

Bruno Brillante
Tél. +39 347 5201197

Restaurant Ludovico
Via Nicola Fasano 6 - Pouzzoles
Tél. +39 0815268255

Transports par bateau Caremar
Pouzzoles - Procida -
Procida -Naples
Tél. +39 0818967280

Résidence La Rosa dei Venti
Via Vincenzo Rinaldi 34 - Procida
Tél./Fax +39 0818968385

NAPLES - CUMES - POUZZOLES - PROCIDA

Le matin, nous avons prévu de visiter Cumes, la zone des champs phlégréens et Pouzzoles. Par téléphone, nous avons demandé à **Bruno Brillante**, guide local, de nous accompagner dans la découverte de cette terre fascinante, pétrie de légendes, de mythes et d'histoire.

Déjeuner chez ***Ludovico*** et, en fin d'après-midi, du port de Pouzzoles nous continuons notre itinéraire **en bateau** vers l'île de Procida. Ici, avec l'un des microtaxis qui attendent au port, nous rejoignons ***La Rosa dei Venti***, une maison de vacances qui surplombe la mer, dans l'une des plus belles ruelles de l'île, entourée par un jardin de fleurs et de citronniers. Logés dans l'une de ses petites maisons, en prévenant suffisamment à l'avance, nous pourrons dîner sur place et avoir ainsi l'occasion de déguster la cuisine familiale et authentique de Titta Scotto, la propriétaire.

3e JOUR

PROCIDA

Il faut découvrir Procida à pied. L'automne est la saison idéale pour le faire au rythme de ses habitants. Au choix, nous pouvons commencer par la partie la plus ancienne, le quartier magique de Terra Murata, et son extraordinaire abbaye qui recèle des merveilles d'art et d'histoire. Puis, descendre à Corricella, en empruntant les marches sombres *(Scale Scure)*, ou bien les larges gradins *(Gradinata Larga)*, pour arriver jusqu'au port des pêcheurs, enchâssé dans une mosaïque de façades colorées. Sur le port, nous faisons une pause pour déguster une délicieuse spécialité à base de poissons au ***Caracalè***, et une autre dans l'intimité du bourg, au milieu des enfants qui jouent, des vieux pêcheurs qui réparent les filets et des femmes qui brodent comme autrefois, assises sur les marches. Nous pouvons consacrer l'après-midi à la marine de Sancio Cattolico et à la beauté sauvage de Vivara, et attendre le coucher du soleil au bord de la mer, sur la douce marine de Chiaiolella. Le soir, si la saison a été médiocre et Ciccillo n'a pas chassé la bécasse, nous dînerons au ***Scarabeo*** et goûterons aux recettes de la fabuleuse cuisine îlienne de Paola.

Restaurant Caracalè
Via Marina Corricella 62
Procida
Tél. +39 0818969192

Restaurant Scarabeo
Via Salette 10 - Procida
Tél. +39 0818969918

4e JOUR

PROCIDA

À partir de *La Rosa dei Venti*, pris en charge par Gianni Scotto, nous passons cette dernière matinée sur l'île, soit côté mer, soit côté terre. L'après-midi, nous pouvons prolonger ce court séjour de quelques heures, ou bien y mettre fin en rentrant directement à Naples.

Noël à Naples et l'art des crèches

1er JOUR - 28 DÉCEMBRE

Chaque période de l'année confère à Naples son charme particulier. Après Pâques, Mai des monuments et la procession spectaculaire de la fête de San Gennaro, il faut absolument s'y rendre au moment de Noël, quand la religiosité populaire est à son apogée. Pour participer pleinement à la vie napolitaine, nous choisissons de loger au cœur de Spaccanapoli, afin de vivre cette période dans l'atmosphère chaleureuse d'une maison, plutôt que dans celle d'un hôtel, comme un habitant de la ville plutôt que comme un touriste.

Natalie (B& B)
Tél. +39 081299579 /
+39 0815516625

Antica Pizzeria dell'Angelo
Piazzetta del Nilo - Naples
Tél. +39 0815422001

En téléphonant suffisamment à l'avance, nous aurons la chance de pouvoir réserver chez ***Natalie***, une des sympathiques chambres, à l'intérieur d'un vieux palais, à quelques pas de la place San Domenico, avec une grande terrasse donnant pratiquement sur la rue de San Gregorio Armeno. Après le jour de Noël, ce quartier redevient enfin accessible pour une promenade : nous passerons donc l'après-midi à flâner dans les ruelles environnantes et profiterons ainsi de la ville. Le soir, en faisant quelques pas à peine, nous pourrons aller comme les vrais Napolitains à l'***Antica Pizzeria dell'Angelo***, et goûter à l'une de ses innombrables pizzas, dont celle avec un bord de pâte à pain délicieusement farci.

2e JOUR - 29 DÉCEMBRE

Aujourd'hui encore, nous prévoyons de rester à Spaccanapoli et découvrir les lieux, les œuvres et les églises qui s'alternent sans fin, au milieu des boutiques et des étalages.

Ospedale delle Bambole
(Hôpital des poupées)
Via S.Biagio dei Librai, 81
Naples

Monastère de S. Gregorio Armeno
Via S. Gregorio Armeno, 44
Naples
Tél. +39 0815520186
Ouvert tlj. 9h-12h ;
sam et jours fériés 9h30-12h30

Église de S. Lorenzo Maggiore
Piazza S. Gaetano - Naples
Tél. +39 081290580
Ouvert tlj. 7h45-19h

Fouilles Gréco-Romaines de San Lorenzo Maggiore
Naples
Tél. +39 081454948
Ouvert lun-sam 9h-17h ;
dim 9h-13h

Nous passerons de l'**Ospedale delle Bambole**, l'insolite hôpital des poupées, aux nombreuses crèches qui envahissent la rue de San Gregorio Armeno et qui représentent, en miniature, les lieux, les personnages et la vie de la ville. Le sacré se mêle au profane : la Famille Sainte voisine avec Totò et Polichinelle, les Rois mages frôlent les fours à pizza illuminés par de petites flammes tremblotantes. Les anges sont assis au milieu de minuscules paniers de fruits ou de poissons, les bergers et les brebis sont placés à côté des tables débordantes de victuailles. Et partout fleurissent des amulettes, des cornes et de l'encens contre le mauvais œil. Au milieu de ces étalages, il suffit de pousser un portail pour se retrouver dans le vestibule somptueux de l'ensemble conventuel de **San Gregorio Armeno**, dans le silence et le recueillement de son cloître. Non loin de là, l'église de **San Lorenzo Maggiore** est un bel exemple de superposition de couches historiques : façade du XVIIIe siècle, intérieur de style gothique, **vestiges gréco-romains**. Car à partir de son cloître, en descendant de quelques mètres, nous nous retrouvons au milieu des vestiges de la ville romaine ; plus bas encore apparaissent les traces de la ville grecque, très ancienne. Commence alors un voyage fascinant, dans un

enchevêtrement de rues, de cryptes, de puits, de maisons et de boutiques, cette fois dans le silence et le mystère d'un autre Naples.
L'heure du déjeuner arrive. À quelques pas de là, ***La Campagnola*** propose une cuisine simple et savoureuse, et nous permet de rester dans le quartier. Juste à la sortie, nous nous retrouvons face à l'église de **Santa Maria delle Anime del Purgatorio** (Sainte-Marie des âmes du purgatoire), consacrée au culte des morts et appelée par les Napolitains *la Chiesa d'e ccape e' morte* (l'église des têtes de mort), à cause des têtes de mort qui se trouvent à l'intérieur mais aussi dans la rue, devant le double escalier : des têtes polies par le geste rituel des fidèles qui, depuis des siècles, les caressent en passant avec ferveur.
D'ici, nous poursuivons notre itinéraire vers l'ensemble monumental des **Girolamini** et la basilique de **San Paolo Maggiore**. Notre promenade s'achève devant la magnifique sculpture de la Pudeur et l'émouvant Christ voilé de la chapelle de **San Severo**.
A'Canzuncella sera notre destination pour la soirée, une adresse où une vieille gloire de la chanson napolitaine, Aurelio Fierro, conjugue magistralement la tradition musicale et la gastronomie.

3e JOUR - 30 DÉCEMBRE

Nous pourrions poursuivre notre séjour à Naples même et passer une fin d'année certainement gaie et plutôt singulière… mais nous saisissons cette occasion pour nous rendre à Capri et nous asseoir sur la mythique Piazzetta. Capri qui, à cette période de l'année, s'est vidée de sa foule estivale, et jouit d'un climat exceptionnellement doux. En un peu plus d'une demi-heure, à partir de l'embarcadère Beverello ou celui de Mergellina, nous serons sur l'île. Là encore, nous choisirons pour nous loger une petite structure : l'***hôtel Canasta*** qui, de par sa situation et sa petite taille, est idéal pour vivre Capri en hiver. Pour ceux qui préféreraient une ambiance plus mondaine, l'***hôtel La Palma***, en plein centre, entouré par la verdure, reste encore aujourd'hui, à l'ombre de son arbre mythique, l'une des adresses les plus raffinées. La simple pizza aux petites tomates de Capri, basilic et mozzarella de ***Verginiello*** est un en-cas agréable et savoureux. Ce délicieux restaurant peut même constituer une étape pour le déjeuner. Et puisque dans cette période seul le regard est attiré par la mer, nous consacrerons le reste de la journée au shopping, l'une des nombreuses attractions de l'île. Nous partirons à la recherche des fiers artisans travaillant leurs produits typiques et traditionnels, au milieu de toutes les grandes marques prestigieuses et connues dans le monde entier. Il suffira de marcher le long de la rue Camerelle pour retrouver les châles de Pina Verde à la **Moda caprese**, pour commander des sandales aux filles de **Amedeo Canfora** et passer les chercher le jour même, et nous pourrons même choisir celles que portait Jacqueline Kennedy, appelées aujourd'hui tout simplement K. Nous pourrons nous enivrer des arômes de l'île chez **Carthusia**, et replonger dans

Trattoria La Campagnola
Via dei Tribunali 47 - Naples
Tél. +39 081459034

Église de Santa Maria delle Anime del Purgatorio
Via Tribunali 39 - Naples
Ouvert tlj. 9h30-13h

Ensemble des Girolamini
Piazza dei Girolamini 107 Naples
Tél. +39 081449139
Ouvert tlj. sauf lundi 9h30-13h

Basilique de San Paolo Maggiore
Piazza S. Gaetano - Naples
Tél. +39 081454048
Ouvert lun-sam 9h-13h ; dim 11h-12h

Chapelle de San Severo
Via F. de Sanctis 19 - Naples
Tél. +39 0815518470
Ouvert lun-sam 10h-19h ; dim 10h-13h

Restaurant A'Canzuncella
Largo S. Maria la Nova 18 Naples
Tél. +39 0815519018

Hôtel Canasta
Via Campo di Teste 6 - Capri
Tél. +39 0818370561

Hôtel La Palma
Via Vittorio Emanuele 39 - Capri
Tél. +39 0818370133

Restaurant Verginiello
Via Palazzo 25 - Capri
Tél. +39 0818370944

Moda Caprese
Via Camerelle 61 - Capri

Amedeo Canfora
Via Camerelle 3 - Capri

Carthusia
Via Camerelle 10 - Capri

Il Portico
Via Camerelle 37 - Capri

La Parisienne
Piazza Umberto - Capri

Cooperativa Donne (Coopérative des Femmes)
Via Semaforo 3 - Capri

Aldo Spinella
Via Fuorlovado 44 - Capri

Massimo Goderecci
Via Cimino 8 - Capri

Chantecler
Via Vittorio Emanuele 51 - Capri

La Campanina
Via Vittorio Emanuele 18 - Capri

La Fiorente
Via Roma 4 - Capri
Tél. +39 0818377083

Virginia Gioielli
Via Vittorio Emanuele 4 - Capri

Restaurant Da Gemma
Via Madre Serafina 6 - Capri
Tél. +39 0818370461

Restaurant Da Gelsomina
Via Migliora 72 - Anacapri
Tél. +39 0818371499

Villa San Michele
Viale Axel Munte - Anacapri
Tél. +39 0818371401
Ouvert en hiver 10h30-15h30 ; en été 9h-18h

Restaurant Buca di Bacco « da Serafina »
Via Longano 25 - Capri
Tél. +39 0818370723

Taverna Anema e Core
Via Sella Orta, 39/e - Capri
Tél. +39 0818376461

le passé dans la boutique **Il Portico**, au milieu des objets exceptionnels de Annamaria Coronato. À **La Parisienne**, la saga familiale de femmes continue, de mère en fille. C'est l'histoire de la boutique la plus ancienne de l'île et, tandis que la **coopérative des Femmes** fabrique les traditionnelles chaussures en corde et des sacs années 1950 brodés et personnalisés, dans une pièce minuscule Susy crée encore ses célèbres maillots de bain. Nous terminerons notre tour vestimentaire avec les pantalons sur mesure de **Aldo Spinella**, qui a habillé les plus grandes personnalités, et qui plus est, les confectionne en à peine plus d'une heure. Un dernier coup d'œil aux faïences de **Massimo Goderecci**, aux précieuses pièces uniques de la bijouterie **Chantecler**, aux séduisants bijoux de **La Campanina**, aux coraux rouges de **La Fiorente**, et aux créations originales de **Virginia Gioielli**. Le soir, au restaurant ***Da Gemma***, la découverte de l'histoire de Capri se poursuit avec Pina, Riccardo et Raffaella, la famille de Gemma qui, avec sa fameuse petite veste et son tablier rouge, a rendu célèbre non seulement le restaurant, mais aussi le four situé de l'autre côté de la rue.

4e JOUR - 31 DÉCEMBRE

À Capri, cette période de l'année est aussi le meilleur moment pour jouir de ses parcours archéologiques et visiter les vestiges des villas impériales, Villa Jovis et Villa Damecuta. Arrivée de Anacapri jusqu'au belvédère de la Migliera et déjeuner au restaurant ***Da Gelsomina***, autre famille mythique de fils et de petits-fils qui, avec Teresa et Michele, Gelsomina et Raffaele, perpétuent la cuisine de la mère, familiale et savoureuse.

Dans l'après-midi, une visite à la magnifique Villa San Michele, avant de rentrer nous mettre sur notre trente et un ! Car nous passons le réveillon chez ***Serafina à la Buca di Bacco***, tandis qu'à quelques pas de la Piazzetta, le fracas des premiers feux d'artifice se confond avec la musique des fanfares de putipù. Nous dansons au rythme des *triccaballacche, scetavajàsse, putipù*, instruments populaires à percussion, typiques de la région de Campanie. De la joyeuse pagaille qui règne dans les rues, nous passons à la ***Taverna Anema e Core***, le restaurant des VIP du monde entier, où nous attendrons les premières heures de la nouvelle année, rendues magiques et inoubliables par Guido Lembo, un habitant de Capri, authentique et éclectique, dans les veines duquel coule toute la musique et la poésie de cette île.

5e JOUR - 1er JANVIER

Le matin, nous flânons dans les rues qui rayonnent à partir de l'hôtel. Avant de quitter l'île, nous avons encore le temps de visiter les jardins d'Auguste et la chartreuse de Saint-Jacques. Une promenade jusqu'au belvédère de Tragara pour garder en mémoire le spectacle grandiose des Faraglioni et l'enchantement de ce lieu.

1er JOUR - JEUDI

NAPLES

S'offre à nous un long week-end pour découvrir Naples, ville-kaléidoscope. Pour ce court séjour, nous choisirons de loger à ***Il Tribunapoli***, agréable B&B qui ne dispose que de trois chambres au cœur de Spaccanapoli, tenu par deux architectes bien sympathiques, Tani et Alessandra, ou bien à ***Il Convento***, petit hôtel confortable dans les quartiers espagnols, très typiques. L'un et l'autre sont idéalement situés, au cœur de la ville. Après un apéritif au ***Caffè Gambrinus***, le plus ancien et le plus célèbre café de la ville donnant sur la magnifique Piazza Plebiscito, nous partons à la découverte de la **Naples souterraine**. C'est en effet ici qu'a lieu le rendez-vous, tous les jeudis à 21 heures, de la visite nocturne qui traverse les sous-sols, et raconte l'histoire d'une ville parallèle et souterraine. Nous dînerons ensuite, même tard, chez ***Amici miei***, et aurons ainsi l'occasion de goûter à sa cuisine authentiquement napolitaine, dans une atmosphère chaleureuse de vieux bistrot.

B & B Tribunapoli
Via Tribunali 339 - Naples
Tél. +39 081454793
Portable +39 3384099173

Hôtel Convento
Via Speranzella 137/a - Naples
Tél. +39 081403977
Fax +39 081400332

Caffè Gambrinus
Piazza Trieste e Trento 38 - Naples
Tél. +39 081417582

Napoli Sotterranea
(Naples souterraine)
Piazza San Gaetano 68 - Naples
Tél. +39 081296944

Restaurant Amici Miei
Via Monte di Dio 68 - Naples
Tél +39 0817646073

2e JOUR

NAPLES

Ce matin, **Capodimonte** est notre première destination. C'est un musée très représentatif de Naples et qui nous offre, en plus, une vue panoramique sur la ville. Nous pouvons jeter un coup d'œil à l'**hôpital et pharmacie des Incurables**, poursuivre notre promenade dans la rue de Costantinopoli et nous arrêter devant quelques boutiques insolites : celle des sculptures, des faïences et des tableaux de **L'Antiquario**, celle du mobilier français de **Grossi**, celle des livres et des gouaches de **Regina**. Nous arrivons ainsi jusqu'à la place Bellini, célèbre par les vestiges grecs et le palais Conca, du XVe siècle. C'est là l'une des étapes les plus agréables pour prendre un café à l'une des tables à l'ombre, qui la font ressembler à un véritable salon à ciel ouvert.

Nous empruntons la rue des Tribunali, et voici la **chapelle Pontano** avec son pavement magnifique, la cour du palais **Spinelli di Laurino** ; voici Naples, cette ville où la vie devient théâtre, où l'art se montre soudain derrière une porte, où il existe encore des vendeuses d'eau fraîche derrière leurs comptoirs en marbre, où sur les trottoirs poissons, pain et beignets côtoient objets anciens ou d'artisanat, jeu du loto et pompes funèbres. S'il reste de la place, nous mangerons une pizza chez ***Gino Sorbillo*** ; sinon, à quelques pas de là, comme de vrais Napolitains, et toujours chez l'un des Sorbillo, nous déjeunerons assis autour d'une table en marbre, ou debout, d'une pizza pliée en quatre. Ils sont vingt et un, les **Sorbillo *pizzaioli***, éparpillés un peu partout ; chacun d'eux a un numéro : le 13, c'est Umberto, le 18 Luciano, le 19 Salvatore, le 20 Patrizio, le 21 Gaetano, et ils sont tous

Musée de Capodimonte
Via Miano 2 - Naples
Tél. +39 0817441307
Ouvert mar-dim 8h30-19h30

Hôpital et pharmacie des Incurables
(Ospedale e Farmacia degli Incurabili)
Via Maria Longo - Naples

L'Antiquario
Via Santa Maria di
Costantinopoli 34 - Naples

Grossi
Via Santa Maria di Costantinopoli
43-45 - Naples

Regina
Via Santa Maria di Costantinopoli
51 - Naples

Chapelle Pontano
Via dei Tribunali, face au n° 376
Naples

Palazzo Spinelli di Laurino
Via dei Tribunali 362 - Naples

Gino Sorbillo
« Accademia della Pizza »
Via dei Tribunali 32
Naples

Pizzeria Sorbillo
Via dei Tribunali 35 - Naples

Pâtisserie Scaturchio
Piazza San Domenico
Maggiore 19 - Naples

Église San Domenico Maggiore
Piazza San Domenico Maggiore
Naples

Manidesign
Via San Giovanni Maggiore
Pignatelli 1bis - Naples

Église du Gesù Nuovo
Piazza del Gesù Nuovo - Naples

Église Sant'Anna dei Lombardi
Piazza Monteoliveto 3 - Naples

Église Santa Maria la Nova
Largo Santa Maria la Nova 44
Naples

Restaurant Girulà
Vicolo Vetreria 7 - Naples
Tél. +39 08425511

Ascione
Galerie Umberto
Piazzetta Matilde Serao 19
Naples

Alfredo Barbaro
Galerie Umberto 44 - Naples

Théâtre San Carlo
Via S. Carlo 93 - Naples
Tél. +39 0817972111
Ouvert lun-sam 9h-18h30

Trattoria Cantina della Tofa
Vicolo della Tofa - Naples
Tél. +39 081406840

Gay Odin
Via Toledo 29 - Naples

Pintauro
Via Toledo 275 - Naples

des enfants de Carolina et Luigi qui ont commencé à faire des pizzas en 1935. Pour le *caffè* et la *sfogliatella*, nous devons nous rendre à la place San Domenico, et goûter absolument aux gâteaux de ***Scaturchio***. Aujourd'hui, la pâtisserie appartient à la troisième génération de cette famille, et c'est Mario, seul garçon au milieu de cinq sœurs et dont le nom de baptême en compte plusieurs (Nicola, Oscar, Osvaldo et Vincenzo), qui comme ses grands-parents et arrière-grands-parents perpétue la tradition. Dans les grandes occasions, c'est à lui que le Vatican s'adresse et c'est lui qui accompagne les magnifiques gâteaux et compositions jusqu'à Rome. Nous quittons cette jolie place, avec ses palais et son **église San Domenico Maggiore**, dévions par une petite rue latérale à la rencontre d'une jeune femme passionnée d'art et d'artisanat, qui présente dans la galerie **Manidesign** des pièces uniques de jeunes artisans et d'artistes. Nos pas nous mènent cette fois-ci jusqu'à l'**église du Gesù Nuovo**, puis en direction des chapelles Renaissance de **Sant'Anna dei Lombardi**, pour terminer notre itinéraire à **Santa Maria la Nova** et repartir avec une idée plus précise des nombreuses églises de cette ville. Le soir, pour pouvoir découvrir l'âme musicale de Naples, nous dînons au ***Girulà***, où un chanteur très connu, Luciano Rondinella, présente son spectacle, accompagné par ses filles.

3e JOUR

NAPLES

Aujourd'hui, nous passons la matinée à flâner d'un marché à l'autre, plongés dans la vie populaire, dans cette théâtralité quotidienne des gestes et des mots, dans l'incroyable vivacité de ces places débordantes d'étalages de toute sorte. Nous pouvons visiter le marché aux légumes, aux fruits et aux poissons de Pignasecca, Porta Capuana et Porta Nolana, les étalages des brocanteurs de la Naples B.C.B.G, ceux du pittoresque marché aux fleurs, ou encore de la Villa Comunale et de Santa Maria di Costantinopoli, chargés d'objets hétéroclites. Sinon, nous pouvons consacrer la matinée aux beaux magasins et à l'artisanat, toujours prestigieux, en commençant par la **Galerie Umberto**, à l'architecture XIXe siècle, symbole de la belle époque napolitaine, témoin de la vie sociale et politique de la ville, mais aussi de sa vie nocturne, élégante et frivole.
Nous trouverons ici les marques les plus renommées de la mode masculine et féminine et des objets de décoration pour les grandes occasions dans les locaux spacieux de **Alfredo Barbaro** ; nous pourrons admirer la magnificence des coraux exposés dans les salles lumineuses de **Ascione** et passer des créations modernes présentées dans la salle des ventes aux œuvres mythiques du passé, dans la salle du musée. En sortant de la galerie, voici le **théâtre San Carlo**, autre chef-d'œuvre napolitain, construit en huit mois à peine. Dédié au premier des Bourbons, Charles III, il fut conçu pour être le plus grand et le plus somptueux. En partant d'ici et en remontant la Via Toledo, nous pourrons déguster la cuisine authentique et familiale de la ***Cantina della***

Tofa, en réservant toutefois une petite place pour un chocolat chez ***Gay Odin*** ou une *sfogliatella* chez ***Pintauro***. L'après-midi, à nouveau, nous pourrons choisir entre une promenade dans les ruelles des **quartiers espagnols**, une petite visite à la cour du **palais Sanfelice** et à celle du **palais dello Spagnolo**, ou bien faire du shopping de luxe entre la via Chiaia et les rues limitrophes jusqu'à la Piazza dei Martiri : des pièces uniques et sur mesure, en cuir, chez **Idem**, l'art du cadeau étonnant chez **Voyage pittoresque**, l'élégance en mode masculine chez **Borrelli**, célèbre pour ses chemises, les livres anciens chez **Gaspare Casella**, les faïences et les porcelaines chez **Giglio**, les bijoux chez **Ventrella**, les estampes et les aquarelles chez **Bowinkel**. Notre promenade s'achèvera chez **Marinella**, devant ses cravates qui valent le déplacement.
La Stanza del Gusto, située dans un coin réservé de ce quartier, sera l'aboutissement raffiné et savoureux de cette journée si bien remplie.

4e JOUR

NAPLES

Nous avions commencé cet itinéraire par un apéritif au *Caffè Gambrinus*. Aujourd'hui, c'est notre dernière journée à Naples. Après avoir pris un café, nous partons de ce même établissement historique pour découvrir une partie de la Naples monumentale. Nous visitons **Castel Nuovo** avec son arc de triomphe Renaissance en marbre ; le Palais Royal, ses salles magnifiques et son fameux petit théâtre ; le jardin et le musée, somptueux, de **Villa Pignatelli**. Après ce parcours monumental, nous ne pouvons quitter la ville sans un aperçu de son côté spectaculaire et romantique. Et nous faisons donc étape à Marechiaro, pour déjeuner à la trattoria ***Da Cicciotta*** et nous imprégner une dernière fois du panorama et de ses saveurs.

Palais Sanfelice
Via Sanità 2-4 - Naples
Ouvert lun-ven 8h-13h et 15h-19h ; sam 8h30-13h

Palais dello Spagnolo
Via Vergini 19 - Naples
Ouvert lun-ven 7h30-14h et 15h30-20h ; sam 7h30-13h

Idem
Via Ferrigni 32 - Naples

Voyage Pittoresque
Via V. Colonna 15/abc - Naples

Luigi Borrelli
Via Filangeri 68 - Naples

Librairie Gaspare Casella
Via C. Poerio 92 e/f - Naples

Antiquariato Giglio
Via C. Poerio 46 - Naples

Ventrella
Via C. Poerio 11 - Naples

Bowinkel
Piazza dei Martiri 24 - Naples

Marinella
Riviera di Chiaia 287 - Naples

Restaurant La Stanza del Gusto
Vicoletto Sant'Albino a Chiaia 21 Naples

Castel Nuovo
Largo Castello - Naples
Tél. +39 0817952003
Ouvert lun-sam 9h-19h

Palazzo Reale - Palais Royal
Piazza del Plebiscito
Tél. +39 0815808111
Ouvert tlj. sauf mercredi 9h -20h

Villa Pignatelli
Riviera di Chiaia 200
Tél. +39 0817612356
Ouvert mar-dim 8h-19h

Trattoria Da Cicciotta
Calata del Ponticello a Marechiaro 32 - Naples
Tél. +39 0815751165

Au pied du Vésuve, d'Herculanum à Amalfi

Castel dell'Ovo
Bourg maritime, port de Santa Lucia - Naples
Tél. +39 081415002

Restaurant La Scialuppa
Bourg maritime, port de Santa Lucia 1 - Naples
Tél. +39 0817645333

Hôtel Sakura
Via E de Nicola 26
Torre del Greco
Tél. +39 0818493144
Fax +39 0818491122

Musée Liverino du corail et des camées
Via Montedoro 61
Torre del Greco
Tél. +39 0818811225
Visites les jours ouvrables, uniquement sur rendez-vous

Di Luca Brothers
Via Montedoro 21/23
Torre del Greco
Tél. +39 0818824666

Giovanni Ascione & Figlio
Via Beato Vincenzo Romano 1
Torre del Greco
Tél. +39 0818811165

Villa Ruggiero
Via A. Rossi 40 - Herculanum
Tél. +39 0817322134

Villa Favorita
Corso Resina 29 - Herculanum
Tél. +39 081405393

Villa Signorini
Via Roma 45bis - Herculanum
Tél. +39 0817776423

Villa Campolieto
Corso Resina 1 - Herculanum
Tél. +39 0817322134

1er JOUR - JEUDI

NAPLES -TORRE DEL GRECO

Nous arrivons à Naples par une matinée ensoleillée. Avant de continuer notre voyage, nous allons jusqu'au **Castel dell'Ovo** pour profiter de la tiédeur du bord de mer et faire une petite pause gourmande sur la terrasse de ***La Scialuppa***, au cœur du bourg maritime du petit port romantique de Santa Lucia. Le déjeuner terminé, nous partons pour Torre del Greco, où nous sommes attendus à l'**hôtel *Sakura***. Nous consacrons l'après-midi à la découverte de l'artisanat séculaire du corail et des camées, célèbre dans le monde entier. Après avoir pris rendez-vous, nous pourrons visiter la somptueuse collection de la plus grande entreprise de tranformation du corail. Depuis 1986, elle est devenue également le **Musée Liverino du corail et des camées**. Le chevalier Basilio Liverino est, à plus de quatre-vingts ans, à la tête de cette entreprise. Au début d'un livre magnifique, Liverino a écrit ces mots : « L'amour pour le corail remonte au temps de l'enfance, lorsque enfant, je respirais l'odeur intense et unique qui exhalait des paniers humides, entassés chez mon grand-père Basilio, tailleur de corail et artisan-patron à Torre del Greco ». À quelques pas de là, nous visiterons aussi l'entreprise **Di Luca Brothers**, celle d'une famille qui a choisi l'artisanat des camées fabriqués à partir des coquillages. Nous aurons ainsi l'occasion d'admirer tout le savoir-faire et la patience qui sont nécessaires pour tailler et graver un camée. Nous irons ensuite visiter l'ancienne manufacture **Giovanni Ascione & Figlio**, où huit frères projettent dans le futur cent quarante ans de tradition et d'histoire. Un dîner tranquille à l'hôtel nous permettra de nous préparer pour la journée de demain, qui s'annonce déjà bien remplie.

2e JOUR

TORRE DEL GRECO - HERCULANUM - TORRE ANNUNZIATA - BOSCOREALE - POSITANO

Progressivement arrachées au silence, les villas construites au XVIIIe siècle sur les flancs du Vésuve retrouvent leur ancienne splendeur. Quitté l'hôtel, nous commençons notre parcours par la visite des villas **Ruggiero, Favorita, Signorini** et **Campolieto**. Pour connaître les horaires des visites, mieux vaut appeler le syndicat d'initiative. Nous irons ensuite aux **fouilles archéologiques d'Herculanum**. Herculanum, ville d'Hercule, se trouva comme Pompéi ensevelie en quelques jours par le Volcan. Elle ne fut pas asphyxiée par les cendres, mais engloutie par la lave et les détritus. Progressivement, cette ville refait surface, découvrant ses maisons fascinantes et le mystère de son histoire. À l'heure du déjeuner, comblés par la cuisine de la ***Casa Rossa 1888***, délicieuse et authentique, nous poursuivons notre itinéraire vers Torre Annunziata, l'ancienne **Oplonti**, où une villa immense et somptueuse, attribuée à Poppée,

a été arrachée aux cendres ; la vie agreste, la nature et le luxe reprennent vie sur ses murs complètement recouverts de fresques. Des fouilles, nous passons au **Pastificio Setaro**, parmi les dernières manufactures à perpétuer une autre grande tradition de la Campanie. En effet, c'est à cet endroit (et à Gragnano, petite ville située à quelques kilomètres de là), que l'on continue à fabriquer les pâtes dans le respect des anciennes techniques artisanales. Une petite déviation jusqu'à Boscoreale nous conduit vers une autre forme d'artisanat qui se fait rare aussi, celle de la **manufacture Lamiem**, qui travaille la pierre de lave – cette même lave qui a enseveli Herculanum il y a deux mille ans –, pour en faire des bijoux, des sculptures, des pièces uniques qui symbolisent le savoir-faire et la créativité de ce peuple.
Nous reprenons la route et, une fois à Sorrento, par la SS 145, nous arrivons à Positano où ***Casa Albertina*** nous attend pour la nuit. Nous pouvons dîner à l'hôtel ou bien choisir un restaurant à la dernière minute car, en cette période, certains sont fermés pour les congés d'hiver.

3e JOUR

POSITANO - AMALFI - POSITANO

Le petit déjeuner sur la terrasse de *Casa Albertina* est un véritable enchantement et, en cette saison, même les nombreuses marches qui conduisent jusqu'à la plage nous sont agréables. Cette journée de samedi redonne vie aux ruelles, et Positano n'a pas cet air d'abandon que l'on retrouve parfois dans les stations balnéaires en hiver. En remontant vers l'hôtel, nous ferons une promenade au milieu des boutiques colorées, et le long de la Via dei Mulini nous apercevrons les sandales sur mesure de la Conchiglia, le citron décliné en mille recettes différentes chez ***Sapori di Positano***, les œuvres de jeunes artistes locaux à la **galerie Miniaci**, et nous pourrons nous arrêter pour déguster l'une des fabuleuses tartes de **La Zagara**. En empruntant la Via Pasitea, on ne manquera pas de voir les sacs faits main chez **Sfizio**, les lins et les soieries de **La Bottega di Brunella** et les créations vestimentaires signées **Maria Lampo**.
Il est temps maintenant de prendre la voiture et de partir en direction d'Amalfi. La route serpente, à pic sur la mer, et chaque tournant offre un spectacle différent : coupoles recouvertes de faïences colorées, étendues de bleu, puis de vert, et partout ce jaune citron, caractérisant l'omniprésence des citronniers. À l'heure du déjeuner, nous nous attablons chez ***Gemma***, où fume déjà une délicieuse soupe de poisson. L'après-midi est consacré à la visite du **musée du Papier**, au bon chocolat chez ***Andrea Pansa***, à la **Scuderia del Duca** et à ses merveilleux bijoux qui nous racontent, à travers tous ces objets, l'histoire d'Amalfi. Après nous être attardés devant le Duomo, la magnifique cathédrale d'Amalfi, un simple coup de fil nous permet de contacter **Annamaria** de l'**Antica Carteria Amalfitana**, l'ancienne fabrique de papier d'Amalfi, et de visiter à Tramonti l'ancien moulin à papier, qui a toujours respecté les techniques artisanales traditionnelles. Ces techniques,

Syndicat d'initiative des villas vésuviennes (Ente Ville Vesuviene)
Herculanum
Tél. +39 081405393

Fouilles archéologiques d'Herculanum (Scavi di Ercolano)
Piazza Museo 1 - Herculanum
Tél. +39 0817390963
Ouverture tlj. 9h-16h

Restaurant Casa Rossa 1888
Via Vesuvio 30 - Herculanum
Tél. +39 0817779763

Fouilles Archéologiques d'Oplonti
Via Sepolcri - Torre Annunziata
Tél. +39 0818621755
Ouvert tlj. 9h-16h

Pastificio Setaro
Via Mazzini 47 - Torre Annunziata
Tél. +39 0818611464

Manufacture Lamiem
Via Panoramica 2 - Boscoreale
Tél. +39 0818587673

Hôtel Casa Albertina
Via della Tavolozza 3 - Positano
Tél. +39 089875143
Fax +39 089811540

I sapori di Positano
Via dei Mulini 6 - Positano
Tél. +39 089 811 116
Fax +39 089875685

Galleria Miniaci
Via dei Mulini 18 - Positano
Tél./Fax +39 089 811771

Bar Pasticceria La Zagara
Via dei Mulini 8/10 - Positano
Tél. +39 089875964
Fax +39089 811116

Sfizio
Viale Pasitea 54 - Positano

La Bottega di Brunella
Via Pasitea 72 - Positano
Tél. +39 089 875 228
Fax +39 089 811 814

Maria Lampo
Via Pasitea 12/14/16 - Positano
Tél./Fax +39 089875021

Trattoria Da Gemma
Via Frà Gerardo Sasso 9 - Amalfi
Tél. +39 089871345

Musée du Papier
(Museo della Carta)
Via Cartiere 23 - Amalfi

Chocolats Andrea Pansa
Piazza Municipio 12 - Amalfi

Scuderia del Duca
Largo Cesareo Console 8 - Amalfi

Antica Cartiera Amalfitana
Località Fresco di Picara
Tramonti
Tél. +39 089855432
Anna Maria
Portable 338 6204070

Fiacres
En face du bar Fauno Piazza Tasso
Sorrento

Trattoria Emilia
Via Marina Grande 62 - Sorrento
Tél. +39 0818072720

apportées par les Arabes, furent à Amalfi, dès le Moyen Age, à l'origine d'un artisanat florissant. En rentrant à Positano, nous dînons dans l'un des restaurants ouverts ce soir, et regagnons *Casa Albertina*.

4e JOUR

POSITANO - SORRENTO - NAPLES

S'il fait beau au réveil, nous profiterons avant de repartir de cet avant-goût d'été pour paresser à la plage ou sur la terrasse. Nous quitterons ensuite l'hôtel, en direction de Sorrento, pour pouvoir visiter cette ville qui, loin des embouteillages des mois d'été, retrouve enfin son visage aristocratique. Nous pouvons marcher dans les rues du centre-ville où des boutiques sont restées ouvertes, ou bien faire une promenade romantique en **fiacre**, ce qui nous rappellera la Belle-Époque et les mélodies de Caruso.
La ***trattoria Emilia***, à Marina Grande, sera notre dernière halte avant de rentrer à Naples, et de repartir. L'image de ce golfe magnifique sera la dernière image que nous emporterons, et le goût de la petite friture de calmars et des beignets de *cicinielli* (aux alevins de poisson) sera notre dernier souvenir gourmand.

Carpaccio de poulpe

Pour 4 personnes :

800 g de poulpe (vivant si possible)
100 g de courgettes
50 g de céleri
50 g de petits radis rouges
2 cuillerées à soupe d'huile d'olive vierge extra
Le jus de 2 citrons
Sel
Poivre

La fraîcheur du poulpe est essentielle, de même qu'il est indispensable de le faire nettoyer par votre poissonnier et de suivre l'étrange procédure de cuisson.
Mettez un bouchon en liège dans une casserole d'eau salée. Lorsque l'eau arrive à ébullition, immergez et soulevez rapidement le poulpe au moins trois fois, puis laissez-le cuire pendant quelques minutes.
Laissez-le refroidir avant de l'envelopper, bien serré, dans une feuille de papier aluminium, et de le conserver au congélateur pendant plusieurs heures.
Pendant ce temps, coupez les courgettes en minces lanières et laissez-les mariner dans le jus de 1 citron.
Émincez finement le céleri, ajoutez l'huile d'olive, le restant de jus de citron, le sel et le poivre.
Retirez le poulpe du congélateur, enlevez le papier aluminium et coupez-le en tranches fines.
Disposez les tranches de poulpe sur un plat de service, arrosez-les avec la sauce à base de céleri et d'huile d'olive, ajoutez les courgettes et garnissez avec les radis découpés en forme de petites fleurs.

Petite soupe de pommes de terre au homard, foie d'oie et truffe blanche

Astice in zuppetta di patate, fegato d'oca e tartufo bianco

(Recette du restaurant *Don Alfonso 1890*, Sant'Agata sui due Golfi)

Pour 4 personnes :

1 homard de 1 kg
400 g de pommes de terre
1,5 cl d'huile d'olive vierge extra
1 gousse d'ail
20 g de truffe blanche
200 g de foie d'oie
5 cl de lait
1 cl de marsala
Sel

Portez à ébullition une grande casserole d'eau. Plongez-y le homard, faites-le cuire 4 minutes.
Décortiquez-le, mais gardez la tête (après avoir été rissolée dans l'huile d'olive, elle vous servira à décorer le plat de service).
Dans un petit bol, travaillez le foie d'oie avec le marsala, jusqu'à obtenir une crème.
Épluchez les pommes de terre, émincez-les et faites-les revenir dans une sauteuse avec un peu d'huile d'olive et la gousse d'ail. Ajoutez un peu d'eau pour terminer la cuisson. Retirez du feu, incorporez le lait et mixez.
Détaillez le homard en portions, enduisez-le d'huile d'olive, passez-le au four.
Réchauffez une grande assiette creuse : versez la soupe de pommes de terre, posez dessus le homard avec sa tête, ajoutez le foie d'oie. Parsemez de truffe blanche coupée en fines lamelles à l'aide d'un couteau-éplucheur, arrosez d'un filet d'huile d'olive et dégustez aussitôt.

Alfonso conseille d'accompagner la saveur raffinée de ce plat avec une bouteille de Frassitelli Terra Mia bien frais.

Peperonata e pomodorini al gratté

(Ces plats font partie des hors-d'œuvre variés préparés par Michele, du restaurant *La Rondinella*, Anacapri)

Pour 4 personnes :

Peperonata
(Confit de poivrons)

6 poivrons
30 g d'olives dénoyautées
20 g de câpres
1 gousse d'ail
1 petite botte de persil
Huile d'olive vierge extra
Sel

Lavez et épépinez les poivrons, coupez-les en lanières de 1 centimètre environ.
Faites chauffer l'huile d'olive avec l'ail. Ajoutez les poivrons, faites-les sauter puis couvrez et laissez cuire, à feu doux, 15 à 20 minutes. À la fin de la cuisson ajoutez les olives, les câpres et le persil haché. Salez, poursuivez la cuisson encore 1 à 2 minutes.

Pomodorini al gratté
(Petites tomates gratinées)

8 petites tomates type Pachino
20 g de chapelure
20 g de parmesan râpé
1 petite botte de persil
1 petite botte de basilic
1 gousse d'ail
Huile d'olive vierge extra
Sel

Lavez les tomates, coupez-les en deux. Évidez-les, salez l'intérieur, retournez-les et laissez-les s'égoutter quelques minutes.
Disposez-les sur une plaque de cuisson revêtue de papier sulfurisé.
Dans un bol, mélangez le parmesan, la chapelure, 1 cuillerée à soupe d'huile d'olive, l'ail, le persil et le basilic finement hachés. Garnissez les petites tomates avec cette farce, arrosez d'un filet d'huile d'olive et faites cuire 10 à 15 minutes à 200 °C : les tomates doivent être gratinées.

Annamaria conseille d'accompagner ces hors-d'œuvre avec une bouteille de Blù di Capri, typique de l'île, du domaine Tiberio.

TARTE AU CITRON

(RECETTE DU RESTAURANT *ADD'O RICCIO*, ANACAPRI)

Pour 4 personnes :

POUR LA PÂTE SABLÉE

250 g de farine
100 g de sucre
125 g de beurre
1 œuf entier
1/2 cuillerée à café de levure chimique
1 pincée de zeste de citron
1 pincée de sel

POUR LA GARNITURE

350 g de sucre
500 g de ricotta
7 œufs entiers
3 jaunes d'œufs
2 cuillerées à soupe de fécule de pomme de terre
Le zeste de 2 citrons

Vous pouvez, si vous le souhaitez, utiliser une pâte sablée achetée toute prête, fraîche ou surgelée.
Sinon, procédez de la manière suivante :
Dans un grand saladier, travaillez la farine avec le beurre avant d'ajouter progressivement tous les autres ingrédients.
Lorsque la pâte est lisse et ne colle plus aux mains, formez une boule, enveloppez-la dans un film alimentaire et laissez-la reposer au réfrigérateur 1 heure avant de l'utiliser.
Pendant ce temps, dans un autre saladier, mélangez tous les ingrédients de la garniture jusqu'à obtenir une crème bien homogène.
Préchauffez le four à 180 °C. Sortez la pâte du réfrigérateur et, sur le plan de travail légèrement fariné, étalez-la sur une épaisseur de 0,5 centimètre. Garnissez un moule de 24 centimètres de diamètre, beurré et fariné, versez la crème à la ricotta et faites cuire 30 minutes.
Vous pouvez déguster cette tarte légèrement tiède. En revanche, le délicieux *limoncello* de Capri qui l'accompagne, doit être bien glacé.

CARPACCIO DE SAUMON, LOTTE ET CREVETTES

(RECETTE DE PASQUALE DIARIO, DU RESTAURANT DE L'HÔTEL *SAN MONTANO* - LACCO AMENO)

Pour 4 personnes :

500 g de filet de saumon
200 g de lotte
20 crevettes décortiquées
100 g de sucre
2 citrons
1/2 verre de vin blanc
Persil haché
Huile d'olive vierge extra
Sel
Poivre

Faites mariner le saumon, lavé et séché, dans le jus des 2 citrons et le sucre pendant 24 heures.

Le lendemain, égouttez le saumon, garnissez-le avec la queue de lotte puis roulez-le sur lui-même de manière à obtenir un cylindre que vous envelopperez dans un film alimentaire. Réservez-le au congélateur pendant quelques heures.

Sortez le rouleau de saumon du congélateur, débarrassez-le du film et coupez-le finement, à l'aide d'un couteau bien aiguisé, en tranches d'environ 0,5 centimètre que vous déposerez dans les assiettes.

Faites sauter les crevettes à la poêle, dans l'huile d'olive, salez et mouillez avec le vin blanc. Laissez réduire à feu vif.

Déposez 5 crevettes dans chacune des assiettes, arrosez avec le jus de cuisson, saupoudrez de persil haché.

Une bouteille bien fraîche de Biancolella Ceniatempo, un cépage autochtone, exaltera les saveurs délicates de cette assiette qui se déguste tiède.

Petits rouleaux de poivron
Involtini di peperoni

(Recette du restaurant *Il Ritrovo*, Montepertuso - Positano)

Pour 4 personnes :

4 poivrons rouges
30 g de mie de pain
300 g de viande hachée
20 g de câpres
20 g d'olives de Gaeta dénoyautées
30 g de parmesan râpé
1 cuillerée à soupe de persil haché
Sel
Poivre

Faites griller les poivrons au four et, encore chauds, mettez-les dans un sachet en papier bien fermé.
Après 5 à 10 minutes, ouvrez le sachet, pelez et épépinez les poivrons (le fait de les avoir enfermés dans le sachet facilitera cette opération). Détaillez-les en lanières de 5 à 6 centimètres de longueur.
Pendant ce temps, dans un bol, mélangez les câpres lavées et égouttées, la mie de pain, les olives hachées, la viande, le persil, le sel et le poivre. Avec cette farce, confectionnez des petites boules que vous envelopperez dans les lanières de poivron.
Rangez ces petits rouleaux dans un plat de cuisson, saupoudrez-les de parmesan râpé. Faites cuire 15 minutes à 180 °C.

Vous pouvez accompagner ce plat d'un verre de Lacrima Christi du Vésuve de la cave Mastroberardino.

Beignets de pâte levée farcis
Panzarotti

(Recette de la *Trattoria da Vincenzo*, Positano)

Pour 4 personnes :

Pour la pâte
2 cuillerées à soupe d'huile d'olive vierge extra
1/2 cube de levure de boulanger
10 cl de lait tiède
3 œufs
1 pincée de sel

Pour la garniture
300 g de ricotta
150 g de jambon blanc
50 g de salami
1 cuillerée à soupe de parmesan râpé
1 jaune d'œuf
Sel
Poivre
Huile de tournesol ou d'arachide pour le bain de friture

Préparez la pâte. Sur le plan de travail, faites une fontaine avec la farine. Dans un bol, diluez la levure avec le lait tiède, ajoutez l'huile et le sel. Versez la levure au milieu de la fontaine, ajoutez les œufs et pétrissez jusqu'à obtenir une pâte lisse et homogène. Rangez la pâte dans un grand saladier, couvrez-la avec un torchon humide et laissez lever : elle doit doubler de volume.
Pendant ce temps, passez la ricotta au tamis et incorporez le jambon et le salami coupés en petits dés, le jaune d'œuf, le parmesan, le sel et le poivre.
Farinez le plan de travail et, avec un rouleau à pâtisserie, étalez la pâte assez finement. À l'aide d'une poche, sur la moitié de la pâte, déposez des noisettes de garniture à la ricotta, en les espaçant de 5 centimètres. Couvrez avec l'autre moitié de la pâte, puis découpez les *panzarotti* avec un emporte-pièce rond.
Faites frire les *panzarotti* dans l'huile chaude. Laissez-les s'égoutter sur du papier absorbant avant de les déguster.

Salade du chef

(Recette d'Antonio, chef de l'hôtel *Santa Caterina*, Amalfi)

Lavez, essorez et émincez les salades.
Lavez les petites tomates.
Préparez une vinaigrette avec l'huile d'olive, le vinaigre balsamique et le sel.
Répartissez les feuilles de salade et les tomates cerises dans les assiettes.
Assaisonnez avec la vinaigrette et ajoutez les olives.
Parsemez de copeaux de parmesan et de petits croûtons de pain grillé.
Garnissez les assiettes avec la carotte découpée en forme de petites fleurs, et avec les cornichons découpés en éventail.

Pour 4 personnes :

120 g d'endives
250 g de cœur de laitue
250 g de roquette
300 g de tomates cerises
150 g d'olives noires
120 g de copeaux de parmesan
100 g de pain grillé
(en petits croûtons)
1 cl de jus de citron
5 cl d'huile d'olive vierge extra
1 petite carotte
Quelques petits cornichons
Vinaigre balsamique
Sel

Soupe de *tanni* et pommes de terre

(Recette de l'hôtel - restaurant *La Caveja*, Pietravairano)

Les *tanni* de potiron sont des pousses typiques de cette région, très difficiles à trouver. Elles peuvent éventuellement être remplacées par des courgettes.

Nettoyez et lavez les *tanni* ou les courgettes. Faites-les blanchir dans une casserole d'eau salée.
Epluchez et lavez les pommes de terre, coupez-les en dés et faites-les blanchir dans une casserole d'eau salée.
Dans une casserole, faites dorer l'ail dans l'huile d'olive avant d'ajouter les pommes de terre, les *tanni* et le piment. Mélangez bien tous les ingrédients, faites-les revenir dans l'huile pendant quelques minutes avant de couvrir avec un peu d'eau et d'ajouter le bouillon cube. Terminez la cuisson à feu doux.

Pour accompagner cette soupe, le chef vous conseille un Coda di Volpe, vin AOC qui fait partie des vins typiques de la région.

Pour 4 personnes :

500 g de tanni *de potiron*
200 g de pommes de terre
3 gousses d'ail
1 bouillon cube
1/2 verre d'huile d'olive vierge extra
Piment
Sel

Cannelloni aux aubergines et à la mozzarella, sauce tomate et pistou de basilic

(Recette de Francesco Russo, chef du restaurant *La Certosa Di San Giacomo*)

Pour 4 personnes :

200 g de farine
150 g de mozzarella
15 g d'épinards cuits à l'eau
20 g de parmesan râpé
1 œuf entier + 5 jaunes
4 aubergines
4 tomates San Marzano
7,5 cl de bouillon
1 belle botte de basilic
15 cl d'huile d'olive vierge extra
1 gousse d'ail
1 ou 2 feuilles de laurier
Sel
Poivre

Préparez les pâtes pour les cannelloni.
Pétrissez la farine avec l'œuf entier et 4 jaunes jusqu'à obtenir une pâte bien lisse. Laissez-la reposer 20 minutes au moins.
Prélevez un petit morceau de pâte dans lequel vous incorporerez les épinards préalablement mixés.

Préparez la garniture.
Lavez les aubergines et faites-en cuire 3 dans le four préchauffé à 200 °C, pendant 20 minutes environ. Pelez les aubergines avant de les passer au tamis. Tamisez la mozzarella aussi.
Dans un saladier, mélangez la purée d'aubergines avec la mozzarella, 1 jaune d'œuf, 1 pincée de basilic ciselé et le parmesan. Salez et poivrez.

Préparez la sauce.
Dans une poêle, faites revenir l'ail, le laurier et quelques feuilles de basilic dans l'huile d'olive. Dès que l'ail colore, retirez-le (avec le laurier et le basilic) avant d'ajouter les tomates pelées avec quelques cuillerées à soupe de bouillon. Salez. En fin de cuisson, mixez la sauce, filtrez-la au chinois. Si nécessaire, versez la sauce dans la poêle pour la faire réduire encore un peu.

Préparez le pistou.
Mixez le reste du basilic avec de l'huile d'olive, à froid.

Maintenant, vous pouvez préparez vos cannelloni.
Détaillez la dernière aubergine en tranches fines que vous ferez dorer dans l'huile chaude.
Etalez la pâte, découpez-la en carrés en alternant des fines lanières découpées dans la pâte aux épinards.
Faites cuire ces carrés de pâte dans une grande casserole d'eau salée portée à ébullition. Egouttez-les et garnissez-les avec le mélange à base d'aubergines.
Roulez les carrés sur eux-mêmes, rangez-les dans un plat de cuisson beurré. Passez-les au four bien chaud 5 minutes environ, puis déposez-les dans les assiettes, sur la sauce tomate. Arrosez avec du pistou, décorez avec les aubergines frites.

Francesco vous conseille d'accompagner ce plat avec un verre de Malvasia Istriana.

Raviolis farcis à la provola et aux aubergines

Préparez la pâte en pétrissant tous les ingrédients jusqu'à obtenir un mélange lisse et élastique. Laissez-la reposer 15 minutes environ.
Lavez les aubergines, coupez-les en petits dés, faites-les revenir dans l'huile. Laissez-les s'égoutter sur du papier absorbant. Hachez finement la *provola*, ajoutez les aubergines, l'œuf et le parmesan râpé. Salez et mélangez tous les ingrédients.
Etalez la pâte en plusieurs feuilles très fines. Avec une petite cuillère, déposez la farce sur la moitié des feuilles de pâte, en espaçant les petites noisettes comme sur un échiquier.
Couvrez ces feuilles de pâte avec des feuilles de pâte non garnies, et découpez les raviolis en vous aidant de la petite rouelle prévue à cet effet.

Paola fait cuire ces raviolis quelques minutes dans l'eau salée, portée à ébullition, et les sert accompagnés d'une merveilleuse sauce aux tomates et au basilic.

Pour 6 personnes :

Pour la pâte

250 g de farine de blé dur
3 œufs
1 cuillerée à soupe d'huile d'olive vierge extra
1 cuillerée à soupe d'eau
Sel

Pour la farce

250 g de provola *de bufflonne*
2 aubergines
20 g de parmesan râpé
1 œuf
Huile pour friture

Linguine aux moules et aux brocolis

(Recettes de Paola, du restaurant *Scarabeo*, Procida)

Lavez et nettoyez les moules, rangez-les dans une sauteuse. Couvrez et portez à ébullition quelques minutes. Contrôlez la cuisson et, lorsque les moules sont ouvertes, décoquillez-les, filtrez le jus de cuisson et réservez.
Dans une poêle, faites revenir l'ail et le persil haché dans l'huile. Ajoutez les moules et le piment, mouillez avec le vin blanc, laissez évaporer, à feu vif, avant d'incorporer l'eau de cuisson des moules filtrée.
Ajoutez les brocolis, préalablement ébouillantés dans l'eau salée pendant 2 minutes. Amalgamez tous les ingrédients, salez (attention, car l'eau de cuisson des moules est très salée) et laissez cuire encore 10 minutes environ.
Pendant ce temps, faites cuire les linguine dans une grande casserole d'eau salée portée à ébullition. Égouttez-les, faites-les sauter quelques secondes dans la sauteuse avec les moules et les brocolis, à feu très doux, avant de servir.

Pour 6 personnes :

500 g de linguine
1 kg de moules
500 g de brocolis
50 g d'huile
1/2 verre de vin blanc
3 gousses d'ail
1 petite botte de persil
Piment
Sel

Soupe de haricots et scarole

(Recette de Serafina, du restaurant *Buca di Bacco*, Capri)

Pour 6 personnes :

500 g de haricots frais, écossés
200 g de tomates
200 g de couenne de porc
6 branches de céleri
5 gousses d'ail
3 carottes
2 scaroles
Huile d'olive vierge extra
Sel
Piment

Dans une casserole, faites cuire les haricots dans de l'eau salée avec l'ail haché, les tomates, le céleri et les carottes finement émincés.
Pendant ce temps, dans une poêle, faites revenir la couenne dégraissée et coupée en lanières dans l'huile d'olive.
Ébouillantez la scarole dans l'eau salée, laissez-la s'égoutter avant de la faire revenir quelques minutes avec la couenne. Dès que les haricots sont cuits, mélangez tous les ingrédients, ajoutez le piment, salez et laissez cuire encore quelques minutes à feu doux.

Pour accompagner cette vieille recette familiale, très simple à réaliser, Serafina vous conseille un Capri rouge.

Calmars aux pommes de terre

(Recette de Serafina, du restaurant *Buca di Bacco*, Capri)

Pour 6 personnes :

1,5 kg de calmars
2 kg de pommes de terre
6 gousses d'ail
1 botte de basilic
1 botte de persil
1 verre de vin blanc
Huile d'olive vierge extra
Sel
Piment

Si possible, faites nettoyer les calmars par votre poissonnier. Lavez-les et coupez-les en rondelles.
Dans une casserole, faites dorer l'ail dans l'huile d'olive, puis ajoutez les calmars.
Dès qu'ils colorent, mouillez avec le vin. Laissez le vin s'évaporer complètement avant d'ajouter les pommes de terre coupées en gros cubes.
Couvrez avec l'eau à mi-hauteur, salez, ajoutez le piment et portez à ébullition. Laissez mijoter à feu doux, jusqu'à ce que les pommes de terre soient cuites et que le jus de cuisson soit devenu dense et onctueux.

Pour accompagner cette autre recette de famille, Serafina vous conseille un Capri Blu.

La Pastiera

(Recette de la pâtisserie *Scaturchio*, Naples)

Pour 10 personnes :

500 g de ricotta de brebis tamisée
250 g de blé de sarrasin
500 g de sucre semoule
125 g de fruits confits
100 g de saindoux (ou de beurre)
5 cl d'eau de fleur d'oranger
5 œufs entiers
1/2 litre de lait
1 gousse de vanille
1 pincée de sel

Pour la pâte sablée

500 g de farine
200 g de sucre
200 g de saindoux (ou de beurre)
3 œufs
Écorce confite de 1 citron

Dans un saladier, mélangez la ricotta avec le sucre.
Faites tremper le blé de sarrasin dans l'eau, et lorsqu'il aura bien macéré, laissez-le s'égoutter.
Dans une casserole, mélangez le blé égoutté avec le beurre, le lait et le sel. Faites cuire 1 heure environ et, dès que votre mélange devient crémeux, ajoutez la vanille et l'eau de fleur d'oranger.
Laissez refroidir, ajoutez la ricotta et les fruits confits coupés en petits morceaux. Laissez reposer ce mélange 5 à 6 heures.
À la dernière minute, incorporez les 5 jaunes d'œufs et les 5 blancs montés en neige.
Pendant ce temps, préparez la pâte sablée.
Dans un saladier, mélangez la farine avec le sucre, le beurre, les œufs et l'écorce de citron confite et râpée. Pétrissez et laissez reposer la pâte environ 1 heure, au réfrigérateur.
Étalez la pâte, garnissez-en un moule d'environ 35 centimètres de diamètre avec un bord de 6 centimètres de hauteur. Gardez un peu de pâte sablée de côté, pour décorer votre gâteau. Versez la mélange à base de ricotta et de blé dans le moule, décorez la surface de votre gâteau avec des lanières de pâte, en dessinant un grillage.
Faites cuire 1 h 20 dans un four préchauffé à 220 °C.

Traditionnel et forcément présent sur toutes les tables le jour de Pâques, ce gâteau est pour les Napolitains le symbole du printemps, de l'abondance et de la renaissance. Aujourd'hui, il est consommé pratiquement toute l'année.

Soupe de poisson

(Recette de la *Trattoria Da Gemma*, Amalfi)

Pour 4 personnes :

4 filets de rascasse, préparés par votre poissonnier
4 filets de lotte, préparés par votre poissonnier
4 filets de grondin, préparés par votre poissonnier
4 belles écrevisses
4 langoustines
500 g de moules, nettoyées par votre poissonnier
500 g de calmars, préparés par votre poissonnier et coupés en rondelles
500 g de petites tomates
4 gousses d'ail
25 cl d'huile d'olive vierge extra
1 verre de vin blanc
Quelques feuilles de persil
Sel
Piment

Dans une sauteuse, faites revenir les gousses d'ail et le persil finement hachés, avec le piment émietté et l'huile d'olive. Salez légèrement.
Dès que l'ail colore, ajoutez les calmars. Couvrez et faites évaporer complètement l'eau de cuisson avant de mouiller avec le vin blanc. Laissez le vin s'évaporer complètement avant d'ajouter les petites tomates.
Dès que les calmars sont cuits, c'est-à-dire vraiment tendres, retirez-les et, à leur place, faites cuire les filets de rascasse, de lotte et de grondin. Vérifiez l'assaisonnement et laissez mijoter 10 minutes environ.
Ajoutez alors les écrevisses, les langoustines, les moules et les calmars mis de côté. Laissez cuire encore quelques minutes, à feu vif. Saupoudrez de persil ciselé. Servez la soupe de poisson directement dans la casserole.

Pour accompagner cette soupe, le chef conseille un vin blanc, le Ravello Episcopio Bianco.